Guttentag'sche Sammlung
Nr. 89. Deutscher Reichsgesetze. Nr. 89.
Text-Ausgaben mit Anmerkungen.

Das deutsche Vogelschutzgesetz

vom 30. Mai 1908

nebst den

das Flugwild betreffenden Bestimmungen

der Preußischen Jagdordnung

vom 15. Juli 1907

erläutert von

Dr. iur. Leo v. Boxberger.

Berlin 1909.
J. Guttentag, Verlagsbuchhandlung,
G. m. b. H.

Inhaltsverzeichnis.

Vorwort.

Bei der vorliegenden Bearbeitung des Vogelschutzgesetzes bestand in erster Linie die Absicht, dem Richter die Orientierung in den ohne Fachkenntnisse nicht immer leicht verständlichen Bestimmungen des Gesetzes zu erleichtern. Die Erläuterungen sind indessen so gehalten, daß sie auch von dem Laien ohne weiteres verstanden werden, wodurch einem bei dem heutigen Umfang der Vogelschutzbewegung von vielen empfundenen und oft ausgesprochenen Bedürfnis nach einer allgemein verständlichen Interpretation des geltenden Vogelschutzrechtes genügt sein dürfte.

Die gleichfalls mit Kommentar versehenen Bestimmungen der Jagdordnung ermöglichen ein sicheres Bild von der Rechtsstellung der Vogelwelt in dem für den Vogelschutz wichtigsten großen Gebiet der preußischen Monarchie. Schließlich ist dem Werkchen ein — aus praktischen Gründen alphabetisch geordnetes — Verzeichnis der europäischen Vögel angehängt, aus welchem sich die rechtliche Behandlung jeder einzelnen Vogelart in Preußen ohne Schwierigkeit entnehmen läßt.

Daressalam, August 1908.

Dr. v. **Boxberger.**

Einleitung.

Das Ziel des Vogelschutzgesetzes bildet der Schutz der deutschen Vögel, soweit sie nicht jagdbar oder ihrer Schädlichkeit gegenüber menschlichen Interessen halber von den Wohltaten des Gesetzes ausdrücklich ausgeschlossen sind, gegen jede nicht gerechtfertigte Verfolgung durch den Menschen. Das Gesetz gilt, wie bemerkt, nicht für jagdbare Vögel. Welche Vögel jagdbar sind, bestimmt das Landesrecht der einzelnen Bundesstaaten, in Preußen der § 1b der Jagdordnung. Um also die rechtliche Situation eines Vogels zu bestimmen, hat man zunächst das Landesrecht daraufhin zu prüfen, ob der Vogel jagdbar ist. Bejaht das Landesrecht diese Frage, so beurteilt sich die Behandlung des Vogels nach den Jagdgesetzen, in Preußen also der Jagdordnung. Der Begriff „Jagdbarkeit" besagt im wesentlichen, daß der Vogel nur vom Jagdberechtigten und nicht innerhalb der für ihn bestimmten Schonzeit erlegt oder gefangen werden darf und von niemandem, auch nicht dem Jagdberechtigten, seiner Eier und Jungen beraubt werden darf. Ist der Vogel nicht jagdbar, so ist in zweiter Linie zu ermitteln, ob er durch § 8 des Vogelschutzgesetzes von den Bestimmungen des Gesetzes ausgenommen, für vogelfrei erklärt ist. Trifft dies zu, so ist seine rechtliche Behandlung einfach: Er darf von jedermann gefangen (jedoch nicht mit Schlingen) und getötet, seiner Eier und Jungen beraubt werden. Findet sich der Vogel nicht unter den im § 8 ausgeschlossenen Arten, so ist er geschützt, die Bestimmungen des Vogelschutzgesetzes finden also auf ihn Anwendung.

Der durch das Gesetz gewährte Schutz besteht im wesentlichen in einem absoluten Verbot des Zerstörens und Ausnehmens von Nestern, sowie in einem Verbot des Tötens und Fangens mit bestimmten Fangvorrichtungen und während bestimmter Zeiten. Alles Nähere ist aus dem Texte des Gesetzes und den dazu gegebenen Anmerkungen zu entnehmen.

I.

Vogelschutzgesetz.[1]

Vom 30. Mai 1908 (RGBl. S. 317).

---

§ 1.

Das Zerstören und das Ausheben von Nestern oder Brutstätten der Vögel, das Zerstören und Ausnehmen von Eiern, das Ausnehmen und Töten von Jungen ist verboten.[2]

Desgleichen ist der Ankauf, der Verkauf, die An- und Verkaufsvermittelung, das Feilbieten, die Ein-, Aus- und Durchfuhr und der Transport[3]) der Nester, Eier und Brut der in Europa einheimischen[4]) Vogelarten untersagt.[5]

Dem Eigentümer und dem Nutzungsberechtigten und deren Beauftragten steht jedoch frei, Nester, welche Vögel in oder an Wohnhäusern oder anderen

Gebäuden und im Innern von Hofräumen gebaut haben, zu zerstören.[6])

Auch findet das Verbot keine Anwendung auf das Einsammeln, den Ankauf, Verkauf, die An- und Verkaufsvermittelung, das Feilbieten, die Ein-, Aus- und Durchfuhr und den Transport der Eier von Möwen[7]) und Kiebitzen, soweit es nicht durch Landesgesetz oder durch landespolizeiliche Anordnung auf die Eier dieser Vögel für bestimmte Orte oder für bestimmte Zeiten ausgedehnt wird.[8])

1. Der Geltungsbereich des Vogelschutzgesetzes umfaßt das ganze Reichsgebiet. Das Gesetz ist in Kraft getreten am 1. Sept. 1908 und zwar auch für Helgoland (Art. 3 des Ges. z. Aenderung des Ges., betr. den Schutz von Vögeln usw. v. 30. Mai 1908).

2. Durch Abs. 1 verlieren die Bestimmungen des § 368 Nr. 11 des Strafgesetzbuchs, soweit sich diese auf Singvögel bezieht, und des § 33 des Preuß. Feld- und Forstpolizeigesetzes ihre praktische Bedeutung.

3. aber nicht etwa der Besitz.

4. d. i. Brutvögel. Das Verbot erstreckt sich auch auf Eier usw., welche außerhalb Europas gesammelt sind, sofern nur die Art, welcher sie zugehören, in Europa als Brutvogel vorkommt. Praktisch wichtig ist dies für den Naturalienhandel bezügl. der aus Sibirien und Mittelasien kommenden Vogeleier; vgl. aber § 5 Abs. 3. Jedoch sind als Arten im Sinne dieser Bestimmung auch die sog. Unterarten, d. i. die selbständigen geographischen Formen aufzufassen, so daß also z. B. die Eier einer nur in Sibirien vorkommenden Lokalform des Schwarz-

spechtes oder einer auf Turkestan beschränkten Form der Nachtschwalbe in Deutschland eingeführt und verkauft werden dürfen; vgl. aber § 8b und Anm. 1 zu § 43 JO.

5. Dies gilt nicht für die Eier jagdbarer Vögel, § 8b, vgl. auch Anm. 1 zu § 43 JO.

6. Der An- und Verkauf, Transport usw. der aus solchen Nestern genommenen Eier ist jedoch verboten.

7. aller Möwenarten, nicht aber der Seeschwalben, die vielfach als Möweneier feilgeboten werden.

8. Für Preußen kommen die Vorschriften der Jagdordnung in Betracht; vgl. §§ 42 u. 43 derselben.

§ 2.

Verboten ist ferner:

a) jede Art des Fangens[1]) von Vögeln, solange der Boden mit Schnee bedeckt ist;

b) das Fangen von Vögeln mittels Leimes und Schlingen;[2])

c) das Fangen und die Erlegung von Vögeln zur Nachtzeit mit Netzen oder Waffen; als Nachtzeit gilt der Zeitraum, welcher eine Stunde nach Sonnenuntergang beginnt und eine Stunde vor Sonnenaufgang endet;

d) das Fangen von Vögeln mit Anwendung von Körnern oder anderen Futterstoffen, denen betäubende oder giftige Bestandteile beigemischt sind, oder unter Anwendung geblendeter Lockvögel;

e) das Fangen von Vögeln mittels Fallkäfigen und Fallkästen,[3]) Reusen, großer Schlag- und Zugnetze, sowie mittels beweglicher und tragbarer, auf dem Boden oder quer über das Feld, das Niederholz, das Rohr oder den Weg gespannter Netze.[4])

Der Bundesrat ist ermächtigt, auch bestimmte andere Arten[5]) des Fangens, sowie das Fangen mit Vorkehrungen, welche eine Massenvertilgung von Vögeln ermöglichen, zu verbieten.

1. Gesetzliche Erweiterung dieses Begriffes in § 4.

2. Hierunter fallen auch Sprenkeln.

3. Hierunter fallen die sog. Meisenkästen.

4. Aus der genauen Benennung der verbotenen Fangarten, insbesondere aus der Hervorhebung des Wortes „großer Schlagnetze" geht hervor, daß das Fangen mit kleinen Schlagnetzen, die nur zum Fang eines einzelnen Vogels eingerichtet sind (sog. Nachtigallengärnchen), gestattet ist, sofern es nicht zur Nachtzeit (c), während Schnee liegt (a) oder in der Zeit zwischen 1. März oder 1. Oktober geschieht (§ 3) und sofern es sich nicht um Meisen, Kleiber oder Baumläufer handelt (§ 3 Abs. 2).

5. Hieraus geht mit Deutlichkeit hervor, daß das Fangen schlechthin nicht hat verboten werden sollen.

§ 3.

In der Zeit vom 1. März bis zum 1. Oktober[1]) ist das Fangen und die Erlegung[2]) von Vögeln sowie der Ankauf, der Verkauf und das Feilbieten, die Vermittelung eines hiernach verbotenen An- und Verkaufs, die Ein-, Aus- und Durchfuhr von lebenden sowie toten Vögeln der in Europa einheimischen[3]) Arten überhaupt, ebenso der Transport[4]) solcher Vögel zu Handelszwecken untersagt.[5])

Dieses Verbot erstreckt sich für Meisen,[6]) Kleiber und Baumläufer auf das ganze Jahr.

Der Bundesrat ist ermächtigt, das Fangen und die Erlegung bestimmter Vogelarten sowie das Feilbieten und den Verkauf derselben auch außerhalb des im Abs. 1 bestimmten Zeitraums allgemein oder für gewisse Zeiten oder Bezirke zu untersagen.

1. Sowohl der 1. März als auch der 1. Oktober werden in die Frist eingerechnet.

2. Das Töten von Vögeln mit Ausnahme der in Abs. 2 genannten Gattungen ist, wie aus dieser Bestimmung und aus Abs. 3 arg. e contrario hervorgeht, nicht verboten, soweit es nicht innerhalb der hier gesetzten Schutzfrist, während Schnee liegt (§ 2 a), oder zur Nachtzeit (§ 2 c) geschieht. Auch der An- und Verkauf, die Einfuhr und der Transport toter Vögel — worunter auch Vogelbälge zu verstehen sind — ist außerhalb der Schutzfrist erlaubt, was namentlich für den Handel der

Naturaliengeschäfte mit Vogelbälgen von der größten Bedeutung ist. Warum die Sammler von Bälgen derart günstiger gestellt sind, als die Sammler von Eiern (§ 1), ist nicht zu begründen.

3. Vgl. Anm. 4 zu § 1.

4. Vgl. Anm. 3 zu § 1.

5. Der Stubenvogelhandel ist durch diese Vorschrift ausschließlich auf die Zeit zwischen 1. Oktober und 1. März beschränkt.

6. Aber nur die europäischen Arten, also Kohl-, Blau-, Hauben-, Tannenmeise, die verschiedenen Formen der Sumpf- und der Schwanzmeise, sowie Bart- und Beutelmeise.

§ 4.

Dem Fangen im Sinne dieses Gesetzes wird jedes Nachstellen zum Zwecke des Fangens oder Tötens von Vögeln, insbesondere das Aufstellen von Netzen, Schlingen, Leimruten oder anderen Fangvorrichtungen gleichgeachtet.[1])

1. Die Bedeutung dieser Vorschrift liegt nur darin, daß sie Versuch und Vorbereitungshandlungen dem vollendeten Delikt gleichsetzt.

§ 5.

Vögel, welche dem jagdbaren Feder- und Haarwild[1]) und dessen Brut und Jungen sowie Fischen und deren Brut nachstellen, dürfen nach Maßgabe der landesgesetzlichen Bestimmungen über Jagd[2]) und Fischerei[3]) von den Jagd- oder Fischereiberechtigten und deren Beauftragten getötet werden.

Wenn Vögel in Weinbergen, Gärten, bestellten Feldern, Baumpflanzungen, Saatkämpen und Schonungen Schaden anrichten, können die von den Landesregierungen bezeichneten Behörden[4]) den Eigentümern und Nutzungsberechtigten der Grundstücke und deren Beauftragten oder öffentlichen Schutzbeamten (Forst- und Feldhütern, Flurschützen usw.), soweit dies zur Abwendung dieses Schadens notwendig ist, das Töten solcher Vögel mit Feuerwaffen innerhalb der betroffenen Örtlichkeiten auch während der im § 3 Abs. 1 bezeichneten Frist gestatten. Das Feilbieten und der Verkauf der auf Grund solcher Erlaubnis erlegten Vögel sind unzulässig.[5])

Ebenso können die im Abs. 2 bezeichneten Behörden einzelne Ausnahmen von den Bestimmungen in §§ 1 bis 3 dieses Gesetzes zu wissenschaftlichen oder Lehrzwecken,[6]) zur Wiederbevölkerung mit einzelnen Vogelarten, sowie für Stubenvögel für eine bestimmte Zeit und für bestimmte Örtlichkeiten bewilligen.

Der Bundesrat bestimmt die näheren Voraussetzungen, unter welchen die im Abs. 2 und 3 bezeichneten Ausnahmen statthaft sein sollen.

Von der Vorschrift unter § 2a kann der Bundesrat für bestimmte Bezirke eine allgemeine Ausnahme gestatten.

1. Für Preußen vgl. § 1 der Jagdordnung (unter II).

2. Für Preußen vgl. § 48 der Jagdordnung (unter II).

3. In Preußen ist dies durch § 45 des Fischereigesetzes für Taucher, Eisvögel, Reiher, Kormorane und Fischadler bestimmt. Taucher, Fischreiher und Kormorane sind jetzt auf Grund § 8c des Vogelschutzgesetzes für jedermann vogelfrei, die Bestimmung des Fischereigesetzes hat also nur noch für Eisvögel, andere Reiher und Fischadler Bedeutung. Diese Vögel dürfen von Fischereiberechtigten ohne Anwendung von Schußwaffen getötet oder gefangen werden. Jedoch findet § 3 Abs. 1 des Vogelschutzgesetzes bez. des Verkaufs usw. Anwendung (vgl. §§ 66—68 der Jagdordnung).

4. In Preußen die Landratsämter.

5. Und zwar auch außerhalb der in § 3 bestimmten Frist.

6. In Preußen ist nach § 42 Abs. 5 der Jagdordnung (vgl. Anm. 4 zu § 42 JO.) auch die Genehmigung der Jagdpolizeibehörde (§ 69 eod.) erforderlich, jedoch nur, soweit es sich um jagdbare Vögel handelt.

§ 6.

Zuwiderhandlungen gegen die Bestimmungen dieses Gesetzes oder gegen die von dem Bundesrat auf Grund derselben erlassenen Anordnungen werden mit Geldstrafe bis zu einhundertundfünfzig Mark oder mit Haft bestraft.[1])

Der gleichen Strafe unterliegt, wer es unterläßt, Kinder oder andere unter seiner Gewalt[2]) stehende Personen, welche seiner Aufsicht untergeben sind und zu seiner Hausgenossenschaft gehören, von der Übertretung dieser Vorschriften abzuhalten.[3])

1. Zuständig ist das Schöffengericht, § 27 Nr. 1 des Gerichtsverfassungsgesetzes.

2. Also nicht Gesinde.

3. Die Strafverfolgung aus § 6 verjährt in 3 Monaten, § 67 des Strafgesetzbuchs.

§ 7.

Neben der Geldstrafe oder der Haft kann auf die Einziehung der verbotswidrig in Besitz genommenen, feilgebotenen oder verkauften Vögel, Nester, Eier, sowie auf Einziehung der Werkzeuge erkannt werden, welche zum Fangen oder Töten der Vögel, zum Zerstören oder Ausheben der Nester, Brutstätten oder Eier gebraucht oder bestimmt waren, ohne Unterschied, ob die einzuziehenden Gegenstände dem Verurteilten gehören oder nicht.

Ist die Verfolgung oder Verurteilung einer bestimmten Person nicht ausführbar, so können die im vorstehenden Absatze bezeichneten Maßnahmen selbständig erkannt werden.[1])

1. Ob das Verfahren aus Abs. 2 auch dann noch zulässig ist, wenn die Strafverfolgung gegen den Täter verjährt ist, ist streitig, aber im Hinblick auf den Zweck des Rechtsinstituts der Verjährung zu verneinen, da die Möglichkeit eines solchen, noch nach Jahren erfolgenden Eingriffes in die Rechtssphäre des Besitzers der Vögel usw. nicht in der Absicht des Gesetzes gelegen haben kann.

§ 8.

Die Bestimmungen dieses Gesetzes finden keine Anwendung

a) auf das im Privateigentume befindliche Federvieh;

b) auf die nach Maßgabe der Landesgesetze jagdbaren Vögel;[1])

c) auf die in nachstehendem Verzeichnis aufgeführten Vogelarten:

Tagraubvögel mit Ausnahme der Turmfalken, Schreiadler, Seeadler,[2]) Bussarde[3]) und Gabelweihen (rote Milane),[4])

Uhus,

Würger (Neuntöter)[5]),

Sperlinge[6]) (Haus- und Feldsperlinge),

Rabenartige Vögel[7]) (Rabenkrähen, Nebelkrähen, Saatkrähen, Elstern, Eichelhäher),

Wildtauben (Ringeltauben, Hohltauben, Turteltauben),

Wasserhühner (Rohr-[8]) und Bleßhühner),

Reiher (eigentliche Reiher, Nachtreiher[9]) oder Rohrdommeln),[9])

Säger (Sägetaucher, Tauchergänse),[10])

alle nicht im Binnenlande brütenden Möwen,[11])

Kormorane,

Taucher[12]) (Eistaucher und Haubentaucher),

jedoch gilt auch für die vorstehend unter a, b, c bezeichneten Vögel das Verbot des Fangens mittels Schlingen.[13])

1. Für Preußen vgl. § 1 der Jagdordnung (unter II).

2. In Preußen sind alle Adler jagdbar, dürfen also nur vom Jagdberechtigten erlegt oder gefangen und nicht ihrer Eier oder Jungen beraubt werden (§ 42 Abs. 4 der Jagdordnung).

3. Auch der Rauhfußbussard und die in Europa brütenden Formen der Gattung Buteo, nicht aber der Wespenbussard (Pernis apivorus L.), da dieser ebensowenig zu den Bussarden gehört, wie etwa die Nachtschwalbe zu den Schwalben.

4. Nicht der schwarze Milan.

5. Auch Raubwürger, schwarzstirniger und rotköpfiger Würger. Die in Klammern gesetzten Namen haben keineswegs ausschließliche Bedeutung und sind nicht etwa als gesetzliche Begrenzung der Arten aufzufassen, welche zu den vor der Klammer stehenden Gruppen gehören oder gerechnet werden sollen. Vielmehr sollen sie lediglich einzelne Beispiele namhaft machen, um dem Laien einen Anhalt zu bieten, was er sich etwa bei den vor der Klammer stehenden Bezeichnungen zu denken hat. Da diese Beispiele nicht ohne weiteres als solche kenntlich sind, sondern sehr leicht zu der im vorstehenden zurückgewiesenen Annahme verleiten können, so erscheint diese vom Gesetz gewählte Methode höchst unzweckmäßig und nur geeignet, den Richter, von dem man ornithologische Kenntnisse nicht voraussetzen kann, auf Irrwege zu leiten.

6. Es kann nicht in der Absicht des Gesetzes gelegen haben, den so überaus seltenen und harmlosen Steinsperling (Passer petronius L.) preiszugeben, doch dürfte niemand, der auf die unsichere Ausdrucksweise des Gesetzes bauend einen Steinsperling tötet oder fängt, zur Bestrafung zu bringen sein.

7. Auch Kolkrabe, Dohle, Alpendohle und Alpenkrähe und Tannenhäher, obwohl sie nicht genannt sind, vgl. Anm. 5.

8. Ob das Gesetz hierunter das Teichhuhn (Gallinula chloropus L.) oder die Arten der Gattung Ortygometra oder beide versteht, ist nicht mit Sicherheit zu

ermitteln. Dem Wortlaut nach sind wohl beide darunter begriffen, indessen ist dies — wenigstens für Preußen — ohne Belang, da hier sowohl das Teichhuhn als die Ortygometra-Arten jagdbar sind (vgl. § 1 der Jagdordnung).

9. Diese beiden Gattungen sowie alle übrigen Reiherarten sind in Preußen jagdbar, nur der Fischreiher ist völlig vogelfrei (vgl. § 1 der Jagdordnung).

10. Diese dunkle Bezeichnung ist nur ein Trivialname für die Sägerarten (Gattung Mergus L.).

11. Für Preußen, welches als Brutgebiet für Möwen — von der Lachmöwe abgesehen — allein in Betracht kommt, ist die Vorschrift bedeutungslos, da hier alle Möwen jagdbar sind (§ 1 der Jagdordnung).

12. Die Seetaucher- (Urinator-) Arten sowie alle Binnenlandtaucher, Colymbus cristatus L., fluviatilis Tunst., griseigena Bodd., nigricollis Br.

13. Hierdurch ist der § 41 Abs. 2 der Jagdordnung außer Kraft gesetzt (in Hannover und Helgoland § 4 Abs. 2 des Wildschongesetzes) und damit der Krammetsvogelfang für den ganzen Umfang der preußischen Monarchie beseitigt (vgl. Anm. 1 zu § 41 JO.).

§ 9.

Die landesrechtlichen Bestimmungen, welche zum Schutze der Vögel weitergehende Verbote enthalten, bleiben unberührt.[1]) Die auf Grund derselben zu erkennenden Strafen dürfen jedoch den Höchstbetrag der in diesem Gesetz angedrohten Strafen nicht übersteigen.

1. Alle hinter dem Vogelschutzgesetz zurückbleibenden landesrechtlichen Vorschriften sind durch das Vogelschutzgesetz außer Kraft gesetzt, nur weitergehende Verbotsbestimmungen sind aufrecht erhalten. In Preußen existieren solche Bestimmungen nicht. Die hier und da erlassenen Polizeiverordnungen, welche das Halten von Stubenvögeln verbieten, entbehren der Gültigkeit, da der Vogelschutz nicht zu den dem Polizeiverordnungsrecht unterliegenden Materien gehört.

II.

Preußische Jagdordnung.[1]

Vom 15. Juli 1907 (Gesetzsamml. S. 207).

(Die nicht abgedruckten Bestimmungen handeln über Haarwild oder sind allgemein-jagdrechtlichen Inhalts.)

---

§ 1.

Jagdbare[2]) Tiere sind:

a) Elch-, Rot-, Dam-, Reh- und Schwarzwild, Hasen, Biber, Ottern, Dachse, Füchse, wilde Katzen, Edelmarder;[3])

b) Auer-, Birk- und Haselwild, Schnee-, Reb- und schottische Moorhühner,[4]) Wachteln, Fasanen, wilde Tauben, Drosseln[5]) (Krammetsvögel), Schnepfen, Trappen, Brachvögel, Wachtelkönige, Kraniche, Adler (Stein-, See-, Fisch-, Schlangen-, Schreiadler), wilde Schwäne, wilde

Gänse, wilde Enten, alle anderen Sumpf- und Wasservögel⁶) mit Ausnahme der grauen Reiher,⁷) der Störche,⁸) der Taucher, der Säger, der Kormorane und der Bleßhühner.⁹)

1. Das Gesetz gilt für den ganzen Umfang der Monarchie mit Ausnahme der Provinz Hannover, der Hohenzollernschen Lande und der Insel Helgoland. In Hannover und Helgoland gilt noch das Wildschongesetz vom 14. Juli 1904, dessen Bestimmungen, soweit sie hier in Frage kommen, aber wörtlich mit der Jagdordnung übereinstimmen.

2. Jagdbar heißen solche Tiere, welche nur vom Jagdberechtigten okkupiert werden dürfen, im Gegensatz zu den nicht jagdbaren Tieren, welche, soweit nicht besondere Verbotsbestimmungen (wie z. B. das Vogelschutzgesetz) entgegenstehen, dem freien Tierfang unterliegen, d. h. auch vom Nichtjagdberechtigten gefangen, getötet und ihrer Brut beraubt werden dürfen. Nicht jagdbar sind also jetzt z. B. Seehund, Steinmarder, Iltis, Wiesel, Eichhörnchen und alle nicht unter § 1b genannten Vögel.

3. Der Abs. 1a ist im Hinblick auf § 5 Abs. 1 des Vogelschutzgesetzes abgedruckt.

4. Nicht aber das Steppenhuhn.

5. Alle Drosseln, also: Mistel-, Wachholder-, Sing-, Rot- und Schwarzdrossel sowie die gelegentlich des Zuges nach Deutschland verschlagenen nordamerikanischen und asiatischen Drosseln, nicht aber die nur vom Volksmund mit dem Attribut „Drossel" belegten Vogelarten, z. B. Rohrdrossel, und auch nicht Blau- und Steindrossel, da diese nicht zu den Drosseln im eigentlichen Sinne gehören.

Der Fang von Drosseln, die als Stubenvögel gehalten werden sollen, ist also in Preußen nur dem Jagdberechtigten erlaubt.

6. Dies ist nicht biologisch, sondern morphologisch zu verstehen, d. h. es fallen alle sog. grallatoren und natatoren Formen unter den Begriff, also ganz unzweifelhaft nicht: Eisvogel, Wasserschwätzer (Wasseramsel), Rohrweih, Rohrsänger, Bachstelzen; dagegen gehört zu dieser Gruppe beispielsweise der auf dürren Äckern lebende Triel.

7. D. i. Fischreiher. Alle übrigen Reiherarten sowie Rohrdommeln sind jagdbar.

8. Diese sind aber durch das Vogelschutzgesetz geschützt.

9. Alle übrigen Rohr- und Wasserhühner sind jagdbar.

(Die §§ 2 bis 38 handeln über Jagdbezirke und Jagdscheine.)

§ 39.

Mit der Jagd zu verschonen [1]) sind:

1.—9. (Haarwild),

10. Auerhähne vom 1. Juni bis 30. November;

11. Auerhennen vom 1. Februar bis 30. November;

12. Birk-, Hasel- und Fasanenhähne vom 1. Juni bis 15. September;

13. Birk-, Hasel- und Fasanenhennen vom 1. Februar bis 15. September;

14. Rebhühner, Wachteln und schottische Moorhühner vom 1. Dezember bis 31. August;
15. wilde Enten[2]) vom 1. März bis 30. Juni;
16. Schnepfen[3]) vom 16. April bis 30. Juni;
17. Trappen vom 1. April bis 31. August;
18. wilde Schwäne, Kraniche, Brachvögel, Wachtelkönige und alle anderen jagdbaren Sumpf- und Wasservögel, mit Ausnahme der wilden Gänse, vom 1. Mai bis 30. Juni;
19. Drosseln (Krammetsvögel) vom 1. Januar bis 20. September.

Die im Vorstehenden als Anfangs- und Endtermine der Schonzeiten bezeichneten Tage gehören zur Schonzeit.

(Abs. 3 handelt von Haarwild.)

Vorstehende Vorschriften über Schonzeiten finden auf das Fangen oder Erlegen von Wild in eingefriedigten Wildgärten keine Anwendung.

1. Keine Schonzeit genießen Adler, Tauben, Schneehühner und Gänse.

2. Ihre Schonzeit kann aufgehoben oder eingeschränkt werden, § 40c.

3. Im jagdlichen Sinne nur die Waldschnepfe. Bekassinen und Uferschnepfen fallen also unter Nr. 18.

§ 40.

Aus Rücksichten der Landeskultur oder der Jagdpflege kann der Minister für Landwirtschaft, Domänen und Forsten den Abschuß weiblichen Elchwildes für die Zeit vom 16. bis 30. September gestatten.

Aus denselben Gründen können durch Beschluß des Bezirksausschusses:

a) der Anfang und der Schluß der Schonzeiten für die in § 39 unter 12 bis 14 genannten Wildarten und der Schluß der Schonzeit für Rehböcke anderweit, jedoch nicht über 14 Tage vor oder nach den dort bestimmten Zeitpunkten festgesetzt,

b) das Ende der Schonzeit für Drosseln (Krammetsvögel) bis 30. September einschließlich hinausgeschoben,

c) die Schonzeiten für Dachse und wilde Enten eingeschränkt oder gänzlich aufgehoben . . . . .

werden.

Die hiernach zulässige Abänderung oder Aufhebung der Schonzeiten darf für den ganzen Umfang oder nur für einzelne Teile des Regierungsbezirkes, die

Abänderung für die einzelnen Teile desselben Regierungsbezirkes in verschiedener Weise erfolgen.

Der Beschluß zu a kann nur für die Dauer eines Jahres gefaßt werden.

§ 41.

Das Aufstellen von Schlingen, in denen sich jagdbare Tiere oder Kaninchen fangen können, ist verboten.

[Unter dieses Verbot fällt nicht die Ausübung des Dohnenstiegs mittels hochhängender Dohnen. Die Art der Ausübung des Dohnenstiegs kann durch den Regierungspräsidenten im Wege der Polizeiverordnung geregelt werden.] [1])

1. Abs. 2 ist durch § 8 Abs. 2 in Verbindung mit Abs. 1b des Vogelschutzgesetzes aufgehoben.

§ 42.

Kiebitz- und Möweneier [1]) dürfen nur bis 30. April einschließlich eingesammelt werden.

Durch Beschluß des Bezirksausschusses kann dieser Termin bis zum 10. April einschließlich zurückverlegt oder für Möweneier bis zum 15. Juni einschließlich verlängert werden.

Das Sammeln der Kiebitz- und Möweneier darf von anderen Personen als dem Jagdberechtigten nur in dessen Begleitung oder mit dessen schriftlich erteilter Erlaubnis, welche der Sammelnde bei sich zu führen hat, vorgenommen werden.

Eier oder Junge von anderem jagdbaren Federwild auszunehmen,[2]) ist auch der Jagdberechtigte nicht befugt, mit Ausnahme derjenigen Eier, welche ausgebrütet werden sollen.[3])

Zum Ausnehmen von Eiern, welche zu wissenschaftlichen oder zu Lehrzwecken benutzt werden sollen, bedarf es der Genehmigung der Jagdpolizeibehörde.[4])

1. Vgl. Anm. 7 zu § 1 VSG. und § 43 Abs. 4.

2. Dagegen dürfen z. B. die Jungen von Adlern im Horst geschossen werden, wie das leider oft geschieht.

3. An einer Strafandrohung für Zuwiderhandlungen gegen Abs. 4 fehlt es in der Jagdordnung (ebenso wie in dem für Hannover und Helgoland geltenden Wildschongesetz), es kommt also die Strafbestimmung des § 368 Nr. 11 des Strafgesetzbuchs zur Anwendung, und zwar auch für den Nichtjagdberechtigten, der nicht etwa wegen Jagdvergehens aus §§ 292 ff. des Strafgesetzbuchs zu bestrafen ist.

4. Das ist nach § 69 der Landrat, in Stadtkreisen die Ortspolizeibehörde.

§ 43.

Vom Beginne des fünfzehnten Tages der für eine Wildart festgesetzten Schonzeit bis zu deren Ablauf ist es verboten, derartiges Wild in ganzen Stücken oder zerlegt, aber nicht zum Genusse fertig zubereitet, in demjenigen Bezirke, für welchen die Schonzeit gilt, zu versenden, zum Verkaufe herumzutragen oder auszustellen oder feilzubieten, zu verkaufen, anzukaufen oder den Verkauf von solchem Wild zu vermitteln.

Vorstehenden Beschränkungen unterliegt nicht der Vertrieb einzelner Arten von Wild aus Kühlhäusern, wenn er unter Kontrolle nach Maßgabe der von den zuständigen Ministern zu erlassenden Bestimmungen stattfindet. Die Kosten der Kontrolle fallen den Inhabern der Kühlhäuser zur Last und können in Form einer Gebühr nach Tarifen erhoben werden.

Ferner dürfen Ausnahmen, wenn es sich um die Versendung, den Verkauf, den Ankauf und die Verkaufsvermittlung von lebendem Wilde zum Zwecke der Blutauffrischung oder Einführung einer Wildart handelt, durch den für den Empfangsort zuständigen Regierungspräsidenten gestattet werden.

Die Bestimmungen des ersten Absatzes finden auf Kiebitz- und Möveneier entsprechende Anwendung.[1])

1. Aber nur auf die noch mit dem Inhalt versehenen Eier. In ausgeblasenem Zustand dürfen die Eier aller jagdbaren Vögel jederzeit ge- und verkauft werden.

(§ 44 handelt von Haarwild.)

§ 45.

Die Vorschriften der §§ 43 und 44 finden auf Wild keine Anwendung, welches im Strafverfahren in Beschlag genommen oder eingezogen oder welches mit Genehmigung oder auf Anordnung der zuständigen Behörde oder in Fällen erlegt ist, in denen besondere gesetzliche Vorschriften es gestatten.

Wer jedoch solches Wild in ganzen Stücken oder zerlegt versendet, zum Verkaufe herumträgt oder ausstellt oder feilbietet, verkauft oder den Verkauf von solchem Wilde vermittelt, muß mit einer befristeten Bescheinigung der Ortspolizeibehörde oder des von ihr mit Genehmigung des Landrats zur Ausstellung einer solchen ermächtigten Gemeinde- (Guts-) Vorstehers versehen sein.

Der Käufer muß sich die Bescheinigung vorzeigen lassen.

§ 46.

Die Versendung von Wild darf nur unter Beifügung eines Ursprungsscheins erfolgen.

Die näheren Vorschriften werden von dem Oberpräsidenten oder dem Regierungspräsidenten im Wege der Polizeiverordnung erlassen; hierbei können von dem Erfordernisse des Ursprungsscheins bezüglich einzelner kleinerer Wildarten Ausnahmen gestattet werden.

§ 47.

Die Vorschriften der §§ 43 bis 46 finden auch auf Wild, welches in eingefriedigten Wildgärten erlegt oder gefangen ist, Anwendung.

§ 48.

Der Bezirksausschuß ist befugt, für den Umfang des ganzen Regierungsbezirkes oder einzelne Teile des letzteren diejenigen nicht jagdbaren Vögel zu bezeichnen, auf welche die Ausnahmebestimmung des § 5 Abs. 1 des (Reichsgesetzes, betreffend den Schutz von Vögeln, vom 22. März 1888

[Reichs-Gesetzbl. S. 111]) [1]) dauernd oder vorübergehend Anwendung finden darf.

1. Der eingeklammerte Text ist jetzt zu ersetzen durch die Worte: „Vogelschutzgesetzes vom 30. Mai 1908 (Reichs-Gesetzbl. S. 317).“ Die Bestimmung des § 5 Abs. 1 ist wörtlich in das neue Vogelschutzgesetz übernommen.

§ 49.

Der Beschluß des Bezirksausschusses ist in den Fällen der §§ 40, 42 und 48 endgültig.

§ 50.

Bei Einführung oder Einwanderung bisher nicht einheimischer Wildarten kann durch Königliche Verordnung Bestimmung getroffen werden über ihre Jagdbarkeit, die Festsetzung von Schonzeiten für sie und die Androhung von Strafen bei Verletzung der festgesetzten Schonzeiten.[1])

1. Die Vorschrift kann für das Steppenhuhn von größter Bedeutung werden.

(Die §§ 51 bis 71 handeln, soweit sie nicht abgedruckt sind, von Wildschaden und Jagdbehörden, die §§ 72 bis 75 von der Bestrafung der Zuwiderhandlungen gegen die den Jagdschein betreffenden Bestimmungen.)

§ 66.

Die Jagdpolizeibehörde kann die Besitzer von Obst-, Gemüse-, Blumen- und Baumschulanlagen ermächtigen, Vögel[1]) und Wild, welche in den genannten Anlagen Schaden anrichten, zu jeder Zeit mittels Schußwaffen zu erlegen. Der Jagdberechtigte kann verlangen, daß ihm die erlegten Tiere, soweit sie seinem Jagdrecht unterliegen,[2]) gegen das übliche Schußgeld überlassen werden.

Die Ermächtigung darf Personen, welchen der Jagdschein versagt werden muß, nicht erteilt werden und ist widerruflich.

1. und zwar auch solcher Vögel, welche durch das Vogelschutzgesetz geschützt werden. Die Veräußerung solcher Vögel ist jedoch unzulässig, vgl. § 5 Abs. 2 VSG.

2. also nicht die in Anm. 1 genannten Vögel, und auch nicht die vogelfreien Arten (§ 8c VSG.), denn das Okkupationsrecht an diesen steht jedermann zu.

§ 67.

Die Jagdpolizeibehörde kann die Eigentümer und Pächter solcher zur Fischerei dienender Seen und Teiche, die nicht zu einem Eigenjagdbezirke gehören (§ 13 Abs. 1), selbst wenn die Jagd auf ihnen ruht, ermächtigen, jagdbare und nichtjagdbare Tiere, welche der Fischerei Schaden zufügen, zu jeder Zeit auf jede erlaubte[1]) Weise zu fangen, namentlich auch mit Anwendung von Schußwaffen zu erlegen. Mit Zustimmung der Jagdpolizeibehörde kann diese Ermächtigung auf bestimmt zu bezeichnende Beauftragte des Eigentümers oder Pächters übertragen werden. Der Jagdberechtigte kann verlangen, daß ihm die erlegten Tiere, soweit sie seinem Jagdrecht unterliegen,[2]) gegen das übliche Schußgeld überlassen werden.

Die Ermächtigung darf Personen, welchen der Jagdschein versagt werden muß, nicht erteilt werden und ist widerruflich. In ihr sind die Tierarten, zu deren Erlegung die Befugnis erteilt wird, bestimmt zu bezeichnen.

Die weitergehenden Bestimmungen der Fischereigesetze werden hierdurch nicht berührt.[3])

1. bezüglich nichtjagdbarer, durch das Vogelschutzgesetz geschützter Vögel kommt also der § 2 des genannten Gesetzes zur Anwendung, bezüglich jagdbarer der § 41 Abs. 1 der Jagdordnung.

2. vgl. Anm. 2 zu § 66.

3. Die in § 45 des Fischereigesetzes genannten Vögel dürfen daher auf jede Weise gefangen werden und brauchen nicht abgeliefert zu werden, vgl. Anm. 3 zu § 5 VSG.

§ 68.

Gegen die Anordnung oder Versagung obiger Maßregeln (§§ 66 und 67) seitens der Jagdpolizeibehörde ist nur die Beschwerde an den Bezirksausschuß und gegen dessen Entscheidung die Beschwerde zulässig, welche an den Minister des Innern und den Minister für Landwirtschaft, Domänen und Forsten geht.

§ 76.

Mit den nachstehenden Geldstrafen wird bestraft,[1]) wer während der Schonzeit erlegt oder einfängt:

(1 bis 5 handeln von Haarwild)

6. ein Stück Auerwild, eine Trappe, einen Schwan . . . . 30 Mark,
7. einen Dachs, einen Hasen, ein Stück Birk- oder Haselwild, eine Schnepfe oder einen Fasan . . . . 10 „
8. ein Rebhuhn, ein schottisches Moorhuhn, eine Wachtel, eine wilde Ente, einen Kranich, einen Brachvogel, einen Wachtelkönig oder einen sonstigen jagdbaren Sumpf- oder Wasservogel . . . . 5 „
9. eine Drossel (Krammetsvogel) . . . 2 „

Sind mildernde Umstände vorhanden, so kann die Geldstrafe in den Fällen . . . . 6 auf 5 Mark, in den Fällen 7 bis 9 bis auf 1 Mark für jedes Stück ermäßigt werden.

1. Vgl. Anm. 1 zu § 77.

§ 77.

Mit Geldstrafe bis zu 150 Mark wird bestraft,[1]) wer:

1. innerhalb der Schonzeit auf die durch diese geschützten Tiere die Jagd ausübt, ohne sie zu erlegen oder einzufangen;
2. den Vorschriften des § 41 zuwider Schlingen stellt, in denen jagdbare Tiere oder Kaninchen sich fangen können.

Ist in den Schlingen Wild gefangen worden, für welches eine Schonzeit vorgeschrieben ist, so darf eine niedrigere Strafe, als wie sie nach §§ 50 und 76 angedroht ist, nicht verhängt werden. Das Gleiche findet Anwendung auf Wild, für welches die Schonzeiten deshalb nicht gelten, weil es sich in eingefriedigten Wildgärten befindet.

Bei einer Zuwiderhandlung gegen den § 41 ist neben der Geldstrafe die Einziehung der Schlingen auszusprechen, ohne Unterschied, ob sie dem Schuldigen gehören oder nicht.

1. Ist der Täter überhaupt nicht jagdberechtigt, so liegt Idealkonkurrenz mit den Bestimmungen der §§ 292 ff. des Strafgesetzbuchs vor. Für die Uebertretungen der Jagdordnung ist das Schöffengericht zuständig.

§ 78.

Mit Geldstrafe bis zu 150 Mark wird bestraft:

wer den Vorschriften der §§ 43, 44 und 45 zuwider Wild oder Kiebitz- oder Möweneier versendet, zum Verkaufe herumträgt oder ausstellt oder feilbietet, verkauft, ankauft oder den Verkauf von solchem Wilde (Eiern) vermittelt.

Hat der Täter gewerbs- oder gewohnheitsmäßig gehandelt, so ist eine Geldstrafe von nicht unter 30 Mark zu verhängen.

Neben der Geldstrafe ist das den Gegenstand der Zuwiderhandlung bildende Wild (die Kiebitz- und Möweneier) einzuziehen ohne Unterschied, ob der Schuldige Eigentümer ist oder nicht; von der Einziehung kann abgesehen werden, wenn der Ankauf nur zum eigenen Verbrauche geschehen ist.

§ 79.

An die Stelle einer nach Maßgabe der vorstehenden Bestimmungen zu verhängenden, nicht beitreibbaren Geldstrafe tritt Haftstrafe nach Maßgabe der §§ 28 und 29 des Reichsstrafgesetzbuchs.

§ 80.

Für die Geldstrafe und die Kosten, zu denen Personen verurteilt werden, welche unter der Gewalt, der Aufsicht oder im Dienste[1]) eines anderen stehen und zu dessen Hausgenossenschaft gehören, ist letzterer im Falle des Unvermögens der Verurteilten für haftbar zu erklären, und zwar unabhängig von der etwaigen Strafe, zu welcher er selbst auf Grund dieses Gesetzes oder des § 361 zu 9 des Strafgesetzbuchs verurteilt wird. Wird festgestellt, daß die Tat nicht mit seinem Wissen verübt ist oder daß er sie nicht verhindern konnte, so wird die Haftbarkeit nicht ausgesprochen.

Hat der Täter noch nicht das zwölfte Lebensjahr vollendet, so wird derjenige, welcher in Gemäßheit der vorstehenden Bestimmungen haftet, zur Zahlung der Geldstrafe und der Kosten als unmittelbar haftbar verurteilt. Dasselbe gilt, wenn der Täter zwar das zwölfte, aber noch nicht das achtzehnte Lebensjahr vollendet hatte und wegen Mangels der zur Erkenntnis der Strafbarkeit seiner Tat erforderlichen Einsicht freizusprechen ist, oder wenn derselbe wegen eines seine freie Willensbestimmung ausschließenden Zustandes straffrei bleibt.

Gegen die in Gemäßheit der vorstehenden Bestimmungen als haftbar Erklärten tritt an die Stelle[2] der Geldstrafe eine Freiheitsstrafe nicht ein.[2])

1. Also auch Gesinde, im Gegensatz zu § 6 des Vogelschutzgesetzes (Anm. 2 zu § 6 VSG.).
2. sic!

(§ 81 handelt von der Aufrechterhaltung lokaler Wildschadengesetze.)

§ 82.

Der Bezirksausschuß beschließt über die Erneuerung der auf den schleswigschen Westseeinseln bestehenden Konzessionen zur Errichtung von Vogelkojen[1]) sowie über die Erteilung neuer Konzessionen (§ 6 des Gesetzes vom 1. März 1873, Gesetzsamml. S. 27).

1. Vorrichtungen zum Massenfang von Enten. Das im Text genannte Gesetz enthält im § 6 eine analoge Bestimmung.

§ 83.

In denjenigen Landesteilen, in denen das Recht, Kiebitz- und Möweneier einzusammeln, anderen Personen als den Jagdberechtigten vor dem Inkrafttreten des Wildschongesetzes vom 14. Juli 1904 (Gesetzsamml. S. 159) zustand, bleibt dieses Recht bis zum Ablaufe der Jagdpachtverträge, die bei dem Inkrafttreten des letzteren Gesetzes bestanden haben, unberührt.

(Der Rest des Gesetzes — §§ 84 bis 86 — enthält Übergangsvorschriften.)

III.
Lexikalisches Verzeichnis der europäischen Vögel

unter Angabe des ihnen von der Reichs- und preußischen Gesetzgebung gewährten Schutzes.

(Vermißte Arten sind unter der allgemeineren Bezeichnung der Gattung aufzusuchen, z. B. Auerhuhn unter Hühner.)

Wegen des Begriffes „geschützt" siehe die Einleitung und Anm. 4 zu § 1, 4 zu § 2 und 2 zu § 3 VSG., wegen der Begriffe „jagdbar" und „vogelfrei" die Einleitung und Anm. 2 zu § 1 JO.

Arten	Grad des gewährten Schutzes	Vorschriften, auf welchen der Schutz beruht
Adler	jagdbar (keine Schonzeit)	JO. §§ 1, 39
Alk	jagdbar (Schonzeit 1. V. bis 30. VI.)	JO. §§ 1, 39 Nr. 18
Alpendohle . .	vogelfrei	VSG. § 8
Alpenkrähe . .	dgl.	dgl.
Ammern	geschützt	VSG.
Amsel . . . . . siehe Drosseln		
Austernfischer	jagdbar (Schonzeit 1. V. bis 30. VI.)	JO. §§ 1, 39 Nr. 18
Avosette . . . . siehe Säbelschnäbler		

Arten	Grad des gewährten Schutzes	Vorschriften, auf welchen der Schutz beruht
Bachstelzen . . .	geschützt	VSG.
Baumläufer . .	geschützt (ohne Einschränkung)	VSG. § 3 Abs. 2
Bekassinen . . .	jagdbar (Schonzeit 1. V. bis 30. VI.)	JO. §§ 1, 39 Nr. 18
Bienenfresser .	geschützt	VSG.
Blaukehlchen . .	dgl.	dgl.
Blauracke . . .	dgl.	dgl.
Blauspecht . . . siehe Kleiber		
Bleßhuhn . . .	vogelfrei	VSG. § 8, JO. § 1
Brachschwalben	jagdbar (Schonzeit 1. V. bis 30. VI.)	JO. §§ 1, 39 Nr. 18
Brachvögel . . .	jagdbar (Schonzeit 1. V. bis 30. VI.)	JO. §§ 1, 39 Nr. 18
Braunellen . . .	geschützt	VSG.
Braunkehlchen . siehe Wiesenschmätzer		
Bussarde . . . . (aber nicht der Wespenbussard)	dgl.	VSG. § 8
Dickfuß . . . . . siehe Triel		
Dohle	vogelfrei	VSG. § 8
Dompfaff . . . siehe Gimpel		

Arten	Grad des gewährten Schutzes	Vorschriften, auf welchen der Schutz beruht
Drosseln	jagdbar (Schonzeit 1. I. bis 20. IX.)	JO. §§ 1, 39 Nr. 19
Eisvogel	geschützt (doch dürfen ihn Fischereiberechtigte ohne Schußwaffen töten und fangen)	VSG., FG. § 45
Elster	vogelfrei	VSG. § 8
Enten	jagdbar (Schonzeit 1. III. bis 30. VI.)	JO. §§ 1, 39 Nr. 15
Eulen . . . . . (mit Ausnahme des Uhu)	geschützt	VSG. § 8
Falken	vogelfrei	VSG. § 8
Fasanen	jagdbar (Schonzeit für ♂ 1. VI. bis 15. IX., für ♀ 1. II. bis 15. IX.)	JO. §§ 1, 39 Nr. 12 u. 13
Finken	geschützt	VSG.
Finkenhabicht . siehe Sperber		
Fischreiher . . .	vogelfrei	VSG. § 8, JO. § 1
Fliegenschnäpper . .	geschützt	VSG.
Flüevogel . . . siehe Braunellen		
Gabelweih . . .	geschützt	VSG. § 8

Arten	Grad des gewährten Schutzes	Vorschriften, auf welchen der Schutz beruht
Gänse	jagdbar (keine Schonzeit)	JO. §§ 1, 39 Nr. 18
Gartensänger .	geschützt	VSG.
Geier......	vogelfrei	VSG. § 8
Gimpel.....	geschützt	VSG.
Girlitz	dgl.	dgl.
Goldamsel ... siehe Pirol		
Goldhähnchen .	dgl.	dgl.
Grasmücken ..	dgl.	dgl.
Habicht.....	vogelfrei	VSG. § 8
Häher	dgl.	dgl.
Hänfling....	geschützt	VSG.
Heuschreckensänger	dgl.	dgl.
Hühner..... (mit Ausnahme des Steppenhuhnes)	jagdbar (Schonzeiten: Auerhähne 1. VI. bis 30. XI. Auerhennen 1. II. bis 30. XI. Birk-, Hasel-, Fasanenhähne 1. VI. bis 15. IX. Birk-, Hasel-, Fasanenhennen 1. II. bis 15. IX. Rebhühner, Wachteln, schott. Moorhühner 1. XII. bis 31. VIII. Schneehühner keine Schonzeit)	JO. §§ 1, 39 Nr. 10—14
Käuze ..... siehe Eulen		

Arten	Grad des gewährten Schutzes	Vorschriften, auf welchen der Schutz beruht
Kernbeißer . . .	geschützt	VSG.
Kiebitz	jagdbar (Schonzeit 1. V. bis 30. VI., Eier dürfen von Jagdberechtigten bis 30. IV. gesammelt werden)	JO. §§ 1, 39 Nr. 18, 42
Kleiber	geschützt (ohne Einschränkung)	VSG. § 3 Abs. 2
Kolkrabe . . . . siehe Raben		
Kormorane . . .	vogelfrei	VSG. § 8, JO. § 1
Krähen . . . . . siehe Raben		
Krammetsvögel siehe Drosseln		
Kranich	jagdbar (Schonzeit 1. V. bis 30. VI.)	JO. §§ 1, 39 Nr. 18
Kreuzschnäbel .	geschützt	VSG.
Kukuk	dgl.	dgl.
Laubsänger . .	dgl.	dgl.
Leinfink-(zeisig) siehe Finken		
Lerchen	dgl.	dgl.
Limosen . . . . siehe Uferschnepfen		
Lummen	jagdbar (Schonzeit 1. V. bis 30. VI.)	JO. §§ 1, 39 Nr. 18

Arten	Grad des gewährten Schutzes	Vorschriften, auf welchen der Schutz beruht
Mauerläufer .	geschützt	VSG.
Meisen	geschützt (ohne Einschränkung)	VSG. § 3 Abs. 2
Milan, roter . . siehe Gabelweih		
Milan, schwarzer	vogelfrei	VSG. § 8
Möwen	jagdbar (Schonzeit 1. V. bis 30. VI., Eier dürfen von Jagdberechtigten bis zum 30. IV. gesammelt werden)	JO. §§ 1, 39 Nr. 18, 42
Nachtigall	geschützt	VSG.
Nachtschwalbe .	dgl.	dgl.
Neuntöter . . . siehe Würger		
Pieper	geschützt	VSG.
Pirol	dgl.	dgl.
Raben	vogelfrei	VSG. § 8
Ralle, Wasser- .	jagdbar (Schonzeit 1. V. bis 30. VI.)	JO. §§ 1, 39 Nr. 18
Ralle, Wiesen- . siehe Wachtelkönig		
Regenpfeifer . .	jagdbar (Schonzeit 1. V. bis 30. VI.)	JO. §§ 1, 39 Nr. 18

Arten	Grad des gewährten Schutzes	Vorschriften, auf welchen der Schutz beruht
Reiher ..... (mit Ausnahme des Fischreihers)	jagdbar (Schonzeit 1. V. bis 30. VI.)	JO. §§ 1, 39 Nr. 18
Rohrdommeln	jagdbar (Schonzeit 1. V. bis 30. VI.)	JO. §§ 1, 39 Nr. 18
Rohrdrossel .. siehe Rohrsänger		
Rohrhühner .. (mit Ausnahme des Bleßhuhnes)	jagdbar (Schonzeit 1. V. bis 30. VI.)	JO. §§ 1, 39 Nr. 18
Rohrsänger ..	geschützt	VSG.
Rosenstar ...	dgl.	dgl.
Rotkehlchen ..	dgl.	dgl.
Rotschenkel... siehe Wasserläufer		
Rotschwänzchen	dgl.	dgl.
Säbelschnäbler	jagdbar (Schonzeit 1. V. bis 30. VI.)	JO. §§ 1, 39 Nr. 18
Säger	vogelfrei	VSG. § 8, JO. § 1
Scharben ... siehe Kormorane		
Schnepfen ...	jagdbar (Schonzeit 16. IV. bis 30. VI.)	JO. §§ 1, 39 Nr. 16

Arten	Grad des gewährten Schutzes	Vorschriften, auf welchen der Schutz beruht
Schwalben . . . (aber nicht See- und Brachschwalben)	geschützt	VSG.
Schwäne	jagdbar (Schonzeit 1. V. bis 30. VI.)	JO. §§ 1, 39 Nr. 18
Schwarzkehlchen siehe Wiesenschmätzer		
Schwarzplättchen . . . siehe Grasmücken		
Seeschwalben .	jagdbar (Schonzeit 1. V. bis 30. VI.)	JO. §§ 1, 39 Nr. 18
Segler	geschützt	VSG.
Seidenschwanz .	dgl.	dgl.
Spechte	dgl.	dgl.
Spechtmeise . . siehe Kleiber		
Sperber	vogelfrei	VSG. § 8
Sperlinge . . . (mit Ausnahme des Steinsperlings)	dgl.	dgl.
Spitzlerche . . . siehe Pieper		
Spötter . . . . siehe Gartensänger		

Arten	Grad des gewährten Schutzes	Vorschriften, auf welchen der Schutz beruht
Sprosser	geschützt	VSG.
Star	dgl.	dgl.
Steinrötel . . .	dgl.	dgl.
Steinschmätzer .	dgl.	dgl.
Steinsperling .	dgl.	dgl.
Steinwälzer . .	jagdbar (Schonzeit 1. V. bis 30. VI.)	JO. §§ 1, 39 Nr. 18
Steißfüße . . . siehe Taucher		
Stelzenläufer .	jagdbar (Schonzeit 1. V. bis 30. VI.)	JO. §§ 1, 39 Nr. 18
Steppenhuhn .	geschützt	VSG.
Stieglitz . . . . siehe Finken		
Störche	geschützt	VSG., JO. § 1
Strandläufer .	jagdbar (Schonzeit 1. V. bis 30. VI.)	JO. §§ 1, 39 Nr. 18
Sturmvögel . .	jagdbar (Schonzeit 1. V. bis 30. VI.)	JO. §§ 1, 39 Nr. 18
Sumpfhühner .	jagdbar (Schonzeit 1. V. bis 30. VI.)	JO. §§ 1, 39 Nr. 18
Tauben.	jagdbar (Keine Schonzeit)	JO. § 1
Taubenhabicht . siehe Habicht		
Taucher	vogelfrei	VSG. § 8, JO. § 1
Teichhuhn . . .	jagdbar (Schonzeit 1. V. bis 30. VI.)	JO. §§ 1, 39 Nr. 18

Arten	Grad des gewährten Schutzes	Vorschriften, auf welchen der Schutz beruht
Tordalk .... siehe Alk ..		
Trappen	jagdbar (Schonzeit 1. IV. bis 31. VIII.)	JO. §§ 1, 39 Nr. 17
Triel	jagdbar (Schonzeit 1. V. bis 30. VI.)	JO. §§ 1, 39 Nr. 18
Uferläufer ... siehe Wasserläufer		
Uferschnepfen .	jagdbar (Schonzeit 1. V. bis 30. VI.)	JO. §§ 1, 39 Nr. 18
Uhu	vogelfrei	VSG. § 8
Wachtel	jagdbar (Schonzeit 1. XII. bis 31. VIII.)	JO. §§ 1, 39 Nr. 14
Wachtelkönig .	jagdbar (Schonzeit 1. V. bis 30. VI.)	JO. §§ 1, 39 Nr. 18
Wasseramsel .. siehe Wasserschwätzer		
Wasserhühner . (mit Ausnahme des Bleßhuhnes)	jagdbar (Schonzeit 1. V. bis 30. VI.)	JO. §§ 1, 39 Nr. 18
Wasserläufer. .	jagdbar (Schonzeit 1. V. bis 30. VI.)	JO. §§ 1, 39 Nr. 18
Wasserschwätzer	geschützt	VSG.
Wasserstar ... siehe Wasserschwätzer		

Arten	Grad des gewährten Schutzes	Vorschriften, auf welchen der Schutz beruht
Wassertreter . .	jagdbar (Schonzeit 1. V. bis 30. VI.)	JO. §§ 1, 39 Nr. 18
Weihen. . . . . (aber nicht Gabelweih)	vogelfrei	VSG. § 8
Weißkehlchen . siehe Grasmücken		
Wendehals. . .	geschützt	VSG.
Wespenbussard	vogelfrei	VSG. § 8
Wiedehopf . . .	geschützt	VSG.
Wiesenschmätzer	dgl.	dgl.
Würger	vogelfrei	VSG. § 8
Zaunkönig . . .	geschützt	VSG.
Zeisige	dgl.	dgl.
Ziegenmelker . siehe Nachtschwalbe		

Register.

(Die arabischen Zahlen weisen auf die Paragraphen.)

(Die arabischen Zahlen weisen auf die Paragraphen.)

(Die arabischen Zahlen weisen auf die Paragraphen.)

Druck von Otto Walter in Berlin S. 14.

Verzeichnis

der

Guttentag'schen Sammlung Deutscher Reichs- und Preussischer Gesetze

Text-Ausgaben
mit Anmerkungen u. Sachregister

Guttentag'sche Sammlung

Deutscher Reichsgesetze.

Text-Ausgaben mit Anmerkungen. Taschenformat.

---

1. **Verfassung** des Deutschen Reichs. Von Dr. **L. von Rönne.** Neunte Auflage von Landrat **Paul von Rönne.** 1904. 2 M. 40 Pf.

2. **Strafgesetzbuch** für das Deutsche Reich. Nebst den gebräuchlichsten Reichs-Strafgesetzen. Von Dr. **H. Rüdorff.** Zweiundzwanzigste Auflage von Dr. **H. Appelius,** Kammergerichtsrat. 1907. 1 M. 50 Pf.

   Die §§ 95—101, geändert durch Gesetz vom 17. Februar 1908, in neuer Fassung.

3. **Militärstrafgerichtsordnung** von Senatspräsident Dr. **Paul Herz.** 1902. Dritte Auflage. Aus dem Handel gezogen; — dafür Text-Ausgaben ohne Anmerkungen auf S. 24. 1 M. 50 Pf.

4. **Handelsgesetzbuch vom 10. Mai 1897** unter Ausschluß des Seerechts. Mit den ergänzenden Vorschriften des Bürgerlichen Gesetzbuchs und Erläuterungen von **F. Litthauer,** Justizrat. Dreizehnte Auflage herausgegeben von Geh. Justizrat Prof. Dr. **A. Mosse.** 1905. 3 M.

5. Allgemeine Deutsche **Wechselordnung.** Neunte Auflage von Justizrat Dr. **J. Stranz** und Rechtsanwalt Dr. **M. Stranz,** und das Reichsgesetz über die **Wechselstempelsteuer.***) Von Regierungsrat **P. Loeck.** Achte Auflage. 1906. Mit Nachtrag: Gesetz betr. Erleichterung d. Wechselprotestes v. 30. Mai 1908. 3 M.

   *) Ist auch einzeln zu haben. Preis 1 M. 25 Pf.

6. **Gewerbeordnung** für das Deutsche Reich nebst allen Ausführungsbestimmungen. Ursprünglich herausgegeben von **T. Ph. Berger** und Dr. **L. Wilhelmi.** Siebzehnte Auflage bearbeitet von Oberverwaltungsgerichtsrat **H. Spangenberg.** 1907. 3 M.

   Nachtragsband: enthaltend Novelle **„Kleiner Befähigungsnachweis"** von Geh. Ober-Regierungsrat **Spielhagen.** 1908.

   Ergänzungsband: **Preußische Ausführungsanweisung.** 1904. 2 M.

7. Die deutsche **Post- und Telegraphen-Gesetzgebung.** Nebst dem Weltpostvertrag und dem internationalen Telegraphenvertrag. Von Wirkl. Geh. Rat Dr. **Fischer.** Sechste Auflage bearbeitet von Geh. Ober-Postrat Dr. **M. König.** 1908. 4 M.

8. Die Reichsgesetze über den **Unterstützungswohnsitz** in der Fassung der Novelle vom 30. Mai 1908, **die Freizügigkeit, den Erwerb und Verlust der Bundes- und Staatsangehörigkeit,** nebst allen landesgesetzlichen Bestimmungen. Von Geheimrat Dr. **J. Krech,** Mitglied des Bundesamtes für das Heimatwesen. Siebente Auflage. 1908. 3 M.

9. Sammlung **kleinerer strafrechtlicher Reichsgesetze.** Mit den Entscheidungen des Reichsgerichts, bearbeitet von **M. Werner,** Geh. Ober-Regierungsrat. Zweite Auflage. 1903. 3 M.
   (Inhalt ca. 25 verschiedene Gesetze.)

10. **Das Reichsbeamtengesetz** und seine Ergänzungen. Erläutert von **J. Pieper.** Zweite Auflage. 1901. 4 M. 50 Pf.
— In der Fassung von 1907 siehe Nr. 82.

11. **Zivilprozeßordnung mit Gerichtsverfassungsgesetz** in den neuesten Fassungen. Herausgegeben zunächst von **R. Sydow,** Staatssekretär im Reichsschatzamt, weiter bearbeitet von **L. Busch,** Reichsgerichtsrat. Zehnte Auflage. (In größerem Oktav-Format.) 1905. 6 M.

12. **Strafprozeßordnung und Gerichtsverfassungsgesetz** nebst den Gesetzen, betreffend die Entschädigung der im Wiederaufnahmeverfahren freigesprochenen Personen und die Entschädigung für unschuldig erlittene Untersuchungshaft. Von Dr. **A. Hellweg,** Reichsgerichtsrat. Fünfzehnte Auflage. 1908. 2 M.

13. **Konkursordnung und Anfechtungsgesetz.** Von **R. Sydow.** Weiter bearbeitet von **L. Busch.** Zehnte Auflage. 1906. 2 M. 25 Pf.

14. **Gerichtsverfassungsgesetz** mit Einführungsgesetz. Herausgegeben von **R. Sydow** und **L. Busch.** Neunte Auflage. 1905. 1 M. 50 Pf.

15. **Das Deutsche Gerichtskostengesetz** nebst den Gebührenordnungen für Gerichtsvollzieher, Zeugen und Sachverständige. Herausgegeben mit Kosten-

tabellen von **R. Sydow.** Weiter bearbeitet von **L. Busch.** Achte Auflage. 1907. 2 M.

16. **Rechtsanwaltsordnung.** Von **R. Sydow.** Sechste Auflage von Justizrat **M. Jacobsohn.** 1907. 1 M. 20 Pf.

17. **Die Deutsche Gebührenordnung für Rechtsanwälte und das Preußische Gebührengesetz** vom 27. September / 6. Oktober 1899. Von **R. Sydow** und **L. Busch.** Siebente Auflage. 1903. 1 M. 60 Pf.

18. **Reichsstempelgesetz (Börsensteuer, Frachturkunde, Kraftfahrzeuge, Personenfahrkarte, Tantieme für Aufsichtsratsmitglieder).** Vom 3. Juni 1906. Nebst Ausführungsbestimmungen und Entscheidungen. Neunte Auflage von **P. Loeck,** Regierungsrat. (In größerem Oktav-Format.) 1906. 4 M. 50 Pf.

19. **Die Seegesetzgebung.** Von Dr. **W. E. Knitschky.** Vierte Auflage bearbeitet von Oberlandesgerichtsrat **Otto Rudorff** in Hamburg. 1908. 6 M.

20. **Krankenversicherungsgesetz.** Von weil. Dr. **E. von Woedtke,** Direktor im Reichsamte des Innern. Elfte Auflage bearbeitet von Dr. **G. Eucken-Addenhausen,** Geh. Reg.-Rat und vortr. Rat im Reichsamte des Innern. 1905. 3 M.

21. **Die Konsulargesetzgebung.** Von Professor Dr **Ph. Zorn.** Zweite Auflage. 1901. 3 M.

22. **Patentgesetz.** Nebst Ausführungsbestimmungen, völkerrechtlichen Verträgen und der Patentanwalts-Ordnung unter eingehender Berücksichtigung der Rechtsprechung des Reichsgerichts und der Praxis des Patentamts. Bisher von Prof. Dr. **R. Stephan** herausgegeben. Siebente Auflage von **R. Lutter,** Geh. Reg.-Rat im Kaiserl. Patentamt 1908. 2 M. 80 Pf.

Gesetz zum **Schutz** der **Warenbezeichnungen.** Nebst Ausführungsbestimmungen. Siehe Seite 16 Nr. 87.

23. **Gewerbe-Unfallversicherungsgesetz.** Von weil. Dr. **E. v. Woedtke.** Neunte neubearbeitete Auflage von **Franz Caspar,** Direktor im Reichsamt des Innern. 1907. 2 M. 50 Pf.

24. **Aktiengesellschaft und Kommanditgesellschaften auf Aktien.** (Handelsgesetzbuch, II. Buch, Abschnitt 3 und 4). Mit Anmerkungen von Justizrat Dr. **H. Veit Simon** und Amtsrichter **L. Keyssner.** 1908. Sechste Auflage. Im Druck.

25. **Brausteuergesetz** vom 3. Juni 1906 mit Ausführungsvorschriften. Von **A. Düffe,** Obersteuerkontrolleur. 1907. 3 M.

26. Die Reichsgesetzgebung über **Münz- und Notenbankwesen,** Papiergeld, Prämienpapiere und Reichsschulden. Von Dr jur. **R. Koch,** Präsident des Reichsbankdirektoriums. Fünfte Auflage. 1905. 3 M.

27. Die Gesetzgebung, betr. das **Gesundheitswesen** im Deutschen Reich für Behörden, Aerzte ꝛc. Von Dr. jur. **C. Goesch** und Dr. med. **J. Karsten.** 1888. 1 M. 60 Pf.

28. **Bau-Unfallversicherungsgesetz.** Vom 30. Juni 1900. Von **R. Chrzescinski,** Kaiserl. Regierungsrat. Dritte Auflage. 1900. 2 M.

29. Reichsgesetz, betr. die **Erwerbs- und Wirtschaftsgenossenschaften.** Von **L. Parisius** und Dr. **H. Crüger.** Zwölfte Auflage bearbeitet von Dr. **H. Crüger.** 1907. 1 M. 50 Pf.

30. **Invalidenversicherungsgesetz** vom 13. Juli 1899. Von weil. Dr. **E. v. Woedtke.** Zehnte Auflage von Regierungsrat **H. Follmann.** 1906. 4 M.

31. **Gewerbegerichtsgesetz.** Von Stadtrat **L. Mugdan.** Sechste Auflage bearbeitet von **W. Cuno,** Erstem Bürgermeister zu Hagen i. W. 1906. 2 M. 20 Pf.

32. Reichsgesetz, betr. die **Gesellschaften mit beschränkter Haftung.** Von **L. Parisius** und Dr. **H. Crüger.** Neunte Auflage von Dr. **H. Crüger.** 1907. 1,40 M.

33. **Vereins- und Versammlungsrecht** in Deutschland. Von Dr. **E. Ball.** Zweite Aufl. von Dr. **F. Friedenthal.** 1907. 2 M. 50 Pf.

Anm. Das neue Vereinsgesetz vom 19. April 1908 vide Nr. 88 — Seite 16.

34. **Reichsgesetz, betreffend die Abzahlungsgeschäfte.** Vom 16. Mai 1894. Von **J. Hoffmann.** Zweite vermehrte Auflage besorgt von Dr. **E. Wilke,** Landgerichtsrat. 1901. 1 M. 20 Pf.

35. **Die Reichs-Eisenbahngesetzgebung.** Von **W. Coermann,** Kaiserl. Amtsrichter. 1895. 2 M. 25 Pf.

36. **Gesetze, betr. die privatrechtlichen Verhältnisse der Binnenschiffahrt und der Flößerei.** Dritte Auflage von **E. Löwe,** Landgerichtsrat. 1903. 3 M.

37. **Gesetz zur Bekämpfung des unlauteren Wettbewerbes.** Vom 27. Mai 1896. Von Dr. **R. Stephan,** Geh. Regierungsrat. Dritte Auflage. 1903. 1 M.

38/39. **Bürgerliches Gesetzbuch nebst Einführungsgesetz.** Nach dem Tode des ursprünglichen Herausgebers Reichsgerichtsrats a. D. Dr. **A. Achilles** in Verbindung mit Professor Dr. **André,** Kammergerichtsrat **Ritgen,** Ober-Landesgerichtsrat **Strecker,** Ober-Regierungsrat Dr. **Unzner** herausgegeben von Geh. Ober-Justizrat **Greiff.** Fünfte Auflage. (In größerem Oktav-Format) 1906. 6 M. 50 Pf.

40. **Gesetz, betr. die Pflichten der Kaufleute bei Aufbewahrung fremder Wertpapiere (Depotgesetz).** Mit Erläuterungen. Von **F. Lusensky,** Geh. Ober-Regierungsrat. Zweite Auflage. 1905. 1 M.

41. **Börsengesetz.** In der Fassung der Novelle vom 8. Mai 1908 nebst Ausführungsbestimmungen von **A. Wermuth** und **H. Brendel.** Zweite Auflage. Neu bearbeitet von Wirkl. Geh. Ob.-Regierungsrat. **Th. Hemptenmacher,** Staatskommissar an der Berliner Börse. 1908. 2 M.

42. **Grundbuchordnung** nebst den preußischen Ausführungsbestimmungen. Mit Einleitung. Von Prof. Dr. **O. Fischer.** Vierte Auflage. 1906. 2 M.

43. Die Gesetzgebung, betr. die **Zwangsvollstreckung in das unbewegliche Vermögen** im Reiche und in Preußen. Mit Einleitung, Kosten- und Gebührentabellen. Von Dr. **J. Krech,** Kaiserl. Geh. Regierungsrat und Professor Dr. **O. Fischer.** Fünfte Auflage. 1907. 2 M.

44. Das Reichsgesetz über das **Auswanderungswesen** vom 9. Juni 1897 nebst Ausführungsverordnungen und Anlagen. Unter Benutzung amtlicher Quellen. Von Professor Dr. **Felix Stoerk.** 1899. 2 M. 25 Pf.

45. Das **Entmündigungsrecht** unter Berücksichtigung der für Preußen geltenden Vorschriften nebst der preußischen Justiz-Ministerial-Verfügung vom 28. November 1899. Text der zivil- und prozeßrechtlichen Bestimmungen mit Erläuterungen von Landgerichtsrat Dr. **P. Koll** in Cöln. 1900. 1 M. 50 Pf.

46. Die Gesetze des Reiches und Preußens über die **freiwillige Gerichtsbarkeit.** Mit Einleitung von **Herm. Jastrow,** Amtsgerichtsrat. Vierte Auflage. 1906. 3 M.

47. Das **deutsche Vormundschaftsrecht** und das preuß. Gesetz über die Fürsorgeerziehung Minderjähriger nebst den dazu gehörigen preußischen Nebengesetzen. Von **Max Schultzenstein,** Oberverwaltungsgerichtsrat und Amtsgerichtsrat Dr. **Paul Köhne.** Zweite Auflage. 1901. 3 M.

48. Gesetze und Verordnungen, betr. den **Drogen-, Gift- und Farbenhandel** außerhalb der Apotheken. Von Dr. **Broh,** Rechtsanwalt. 1899. 1 M. 25 Pf.

49. Deutsche **Kolonialgesetzgebung.** Von Professor Dr. **Philipp Zorn.** 1901. 4 M. 50 Pf.

50. Der **Viehkauf** (Viehgewährschaft) nach dem Bürgerlichen Gesetzbuche. Nebst Verordn. betr. die Hauptmängel und Gewährsfristen beim Viehhandel. Von Rechtsanwalt Dr. **H. Stölzle** und **H. Weiskopf,** Königl. Kreistierarzt in Augsburg. Vierte wesentlich verbesserte Auflage. 1908. Im Druck.

51. **Hypothekenbankgesetz** vom 13. Juli 1899. Von Dr. **H. Göppert,** Gerichts-Assessor. 1900. 1 M. 80 Pf.

52. Gesetz, betreffend die gemeinsamen **Rechte der Besitzer von Schuldverschreibungen.** Von Dr. **Heinrich Göppert,** Gerichts-Assessor. 1900. 2 M.

53. **Reichspreßgesetz** vom 7. Mai 1874 nebst den einschlägigen Bestimmungen des Strafgesetzbuchs, der Gewerbeordnung zc. Kommentar von **A. Born**, Polizeiassessor. 1900. 1 M. 50 Pf.

54. Die Reichsgesetzgebung über den Verkehr mit **Nahrungsmitteln, Genußmitteln und Gebrauchsgegenständen.** Von Dr. **Georg Lebbin**, Nahrungsmittelchemiker. 1900. 2 M. 25 Pf.

55. Das Recht der **Beschlagnahme von Lohn- und Gehaltsforderungen.** Auf Grundlage der Reichsgesetze vom 21. Juni 1869 u. 29. März 1897 und der Zivilprozeßordnung. Von Justizrat **Georg Meyer.** Dritte Auflage. 1908. 2 M. 50 Pf.

56. Gesetz, betr. die **Bekämpfung gemeingefährlicher Krankheiten.** Nebst Ausführungsbestimmungen. Von Dr. **Bruno Burkhardt**, Regierungsrat, Mitglied des Kais. Gesundheitsamts. 1900. 1 M. 40 Pf.

57. **See-Unfallversicherungsgesetz.** Von **Dr. Max Mittelstein**, Oberlandesgerichtsrat in Hamburg. 1901. 2 M.

58. **Das Recht der unehelichen Kinder** nach dem BGB. Von **Hermann Jastrow**, Amtsg.-Rat. 1901. 1 M. 80 Pf.

59. Reichsgesetz über die **Beurkundung des Personenstandes und die Eheschließung.** Von Dr. **F. Fidler**, Amtgerichtsrat. 1901. 1 M. 80 Pf.

60. Gesetz, betreffend das **Urheberrecht an Werken der Literatur und der Tonkunst.** Von Landrichter **Otto Lindemann.** Zweite Auflage. 1907. 1 M. 60 Pf.

61. Gesetz über das **Verlagsrecht.** Von Justizrat **Ernst Heinitz.** 1901. 1 M. 50 Pf.

62. Gesetz über die **privaten Versicherungsunternehmungen.** Von **H. Könige,** Reichsgerichtsrat. 2. Auflage in Bearbeitung.

63. **Gesetzestafel des Deutschen Reichsrechts.** Systematisch geordnete Nachweisung des z. Z. geltenden Reichsrechts. Ergänzungsband zu der Guttentag'schen Sammlung Deutscher Reichsgesetze. Von **Hugo Bruhns,** Syndikus. 1902. 8⁰. 2 M. 50 Pf.

64. Gesetzsammlung betr. den **Handel mit Drogen und Giften.** Reichsgesetzl. Bestimmungen und Anhang mit den landesgesetzl. Verordnungen sämtlicher Bundesstaaten. Von Rechtsanwalt **H. Sonnenfeld,** Syndik. d. Berl. Drogisten-Innung. 1902. 3 M.

65. Das **Weingesetz** vom 24. Mai 1901. Mit Ausführungsbestimmungen von Dr. **Georg Lebbin,** Handels- u. Gerichtschemiker. 1902. 1 M. 50 Pf.

66. Die **Eisenbahn-Gesetzgebung.** Von **W. Pietsch,** Geh. exp. Sekretär im Reichs-Eisenbahn-Amt. 1902. 5 M.

67. **Militär-Strafgesetzbuch** von Senats-Präsident Dr. **Paul Herz** und Kriegsgerichtsrat Dr. **Georg Ernst.** 1903. Aus dem Handel gezogen; — dafür Text-Ausgaben ohne Anmerkungen Seite 24. 1 M.

68. **Das Fleischbeschaugesetz.** Vom 3. Juni 1900. Mit Ausführungsges. u. Verordnungen im Reiche und in Preußen. Von Dr. **Georg Lebbin,** Gerichtschemiker und Rechtsanwalt Dr. **Georg Baum.** 1903. 4 M.

69. Reichsgesetz über die **Naturalleistungen der bewaffneten Macht im Frieden** nebst den zugehörigen in Preußen geltenden Bestimmungen. Von Regierungsassessor Dr. **Walter v. Hippel.** 1903. 1 M. 25 Pf.

70. **Das Reichs-Haftpflichtgesetz,** betr. die Verbindlichkeit zum Schadensersatz für die bei dem Betriebe von Eisenbahnen, Bergwerken, Steinbrüchen, Gräbereien und Fabriken herbeigeführten Tötungen und Körperverletzungen, vom 7. Juni 1871. Von Regierungsrat Dr. **G. Eger.** 1903. Preis 3 M.

71. **Kinderarbeit in gewerblichen Betrieben,** v. 30. März 1903. Nebst der Preuß. Ausführ.-Anw. v. 30. Nov. u. d. Bek. des Reichskanzlers v. 17. Dez. 1903. Von **H. Spangenberg,** Oberverwaltungsgerichtsrat Zweite vermehrte Auflage. 1904. 1 M. 60 Pf.

72. **Unfallversicherungsgesetz** für Land- und Forstwirtschaft vom Wirkl. Geh. Rat Dr. **E. von Woedtke,**

fortgesetzt von Dr. **Alfred Radtke,** Geh. Regierungsrat und Senatspräs. im Reichsversicherungsamt. Zweite Auflage. 1904. 4 M. 50 Pf.

73. **Entschädigung für unschuldig erlittene Verhaftung und Bestrafung.** Nebst Anhang, enth. die dazu gehörigen Nebengesetze über Schadensersatz. Von Dr. jur. **A. Romen,** Geh. Kriegsrat und vortr. Rat im Kriegsministerium. 1904. 2 M.

74. Die **Kaufmannsgerichte** nebst den preuß. Ausführungsbestimmungen. Von Dr. **Max Apt,** Syndikus der Korporation der Berliner Kaufmannschaft. Dritte Auflage. 1905. 2 M.

75. Reichsgesetz über die **Konsulargerichtsbarkeit.** Erläutert von Dr. jur. **A. F. Vorwerk,** Rechtsanwalt in Schanghai. Zweite Ausgabe, mit dem Schutzgebietsgesetz und der Ausführungsverordnung, betreffend die Rechtsverhältnisse in den deutschen Schutzgebieten. 1908. 2 M.

76. **Die Rechtshilfe im Verkehr mit den ordentlichen Gerichten nach deutschem Reichsrecht.** Zusammenstellung aller in Betracht kommenden Gesetzesstellen. Von Landrichter Dr. **A. Friedländer.** 1906. 1 M. 80 Pf.

77. **Das Reichserbschaftssteuergesetz.** Vom 3. Juni 1906. Von **Ulrich Hoffmann,** Geh. Registrator im Kgl. Preuß. Finanzministerium. 1906. 2 M. 60 Pf.

78. **Zigarettensteuergesetz.** Vom 3. Juni 1906. Von Dr. **Cuno,** Gerichtsassessor. 1906. 1 M. 80 Pf.

79. **Die Militärpensionsgesetze** vom 31. Mai 1906 nebst Ausführungsbestimmungen. Zum Gebrauch für Heer, Marine und Schutztruppe von Dr. jur. **A. Romen,** Wirklicher Geheimer Kriegsrat.
   a) I. Teil: Offizierpensionsgesetz. 1907. 3 M. 50 Pf.
   b) II. Teil: Mannschaftsversorgungsgesetz. 1908. 3 M. 50 Pf.

   Jeder Teil ist einzeln käuflich.

80. Reichsgesetzgebung über **gerichtliche Registerführung.** Textausgabe der einschlägigen Gesetzesbestimmungen mit Anmerkungen und Sachregister von **Otto Lindemann,** Landrichter. 1906. 3 M.

81. Gesetz, betr. **Urheberrecht an Werken der bildenden Künste und der Photographie.** Von Dr. **Ludw. Fuld,** Rechtsanwalt. 1907. 1 M.

82. **Reichsbeamtengesetz** in der Fassung vom 18. Mai 1907 und seine Ergänzungen von Prof. Dr. **Ad. Arndt.** 1908. 3 M.

83. **Reichsgesetz über den Versicherungsvertrag** nebst Einführungsgesetz mit Einleitung und ausführlicher Erläuterung von Dr. **Paul Hager** und Dr. **R. Behrend,** Regierungsräte im Kaiserl. Aufsichtsamt f. Privatversicherung. 1908. 5 M.

84. **Sammlung kleinerer privatrechtlicher Reichsgesetze** von Landrichter **Georg Müller.** 1908. 6 M. 50 Pf.

Enthält eine Fülle von Gesetzen, die anderweit fast garnicht oder nur schwer zu beschaffen sind.

85. **Scheckgesetz** mit Einleitung usw. Von Prof. Dr. **Max Apt.** Vierter Abdruck. 1908. 1 M. 50 Pf.

86. **Die Auslieferungsverträge des Deutschen Reiches** von Landrichter **A. Cohn.** 1908. 4 M.

87. Gesetz zum **Schutz der Warenbezeichnungen.** Nebst Ausführungsbestimmungen. Von Geh. Reg.-Rat, Mitglied des Patentamts Dr. **Freund** und Rechtsanwalt **Magnus.** Fünfte Auflage. 1908. Im Druck.

88. **Vereinsgesetz** vom 19. April 1908. Unter Benutzung der amtlichen Quellen. Nebst einem Anhang, enth. die Vorschriften des BGB. über die Vereine. Bearbeitet von Dr. jur. **A. Romen,** Wirkl. Geh. Kriegsrat im Königl. Preuß. Kriegsministerium. 2. Auflage. 1908. 1 M. 50 Pf.

89. Deutsches **Vogelschutzgesetz** vom 30. Mai 1908 nebst den das Flugwild betreffenden Bestimmungen der Preußischen Jagdordnung von Dr. jur. **Leo von Boxberger.** 1908. ca. 1 M.

90. Zusammenstellung der Gesetze über das **Internationale Privatrecht** von Dr. **G. A. E. Bogeng.** 1908. Im Druck.

Guttentag'sche Sammlung

Preußischer Gesetze.

Text-Ausgaben mit Anmerkungen. Taschenformat.

---

1. **Die Verfassungs-Urkunde** für den Preußischen Staat. Mit Einleitung, vollständigem Kommentar. Von Prof. Dr. **Adolf Arndt.** Sechste Auflage. 1907. 3 M.

2. Preußische **Beamten-Gesetzgebung.** Enthaltend die wichtigsten Beamtengesetze in Preußen. Von **C. Pfafferoth.** Vierte, neubearb. Auflage. 1905. Mit Anhang: Abänderung vom 27. Mai 1907. 2 M.

3. **Die Aufnahme des Nottestaments** durch die bestellten besonderen Urkundspersonen. Anweisung vom 15. März 1904. Erläutert mit Musterbeispielen und einem Abriß des Erbrechts von Amtsgerichtsrat **C. Kurtz.** 1904. 1 M. 50 Pf.

4. **Gebührenordnung** für Notare vom 25. Juni 1895 nebst den einschlägigen Vorschriften des Preußischen Gerichtskostengesetzes. Von **R. Sydow.** Dritte Auflage bearbeitet von Justizrat Dr. **Rausnitz.** 1908. 1 M. 60 Pf.

5. **Gesetz vom 24. April 1854 (betr. die außerehel. Schwängerung).** Von Dr. **Schulze.** 1873. 75 Pf.
   Gültiges Recht siehe: Reichsgesetze Nr. 58.

6. Die Preuß. **Ausführungsgesetze und Verordnungen zu den Reichs-Justizgesetzen.** Von **R. Sydow.** Dritte vermehrte Auflage. 1895. 2 M. 40 Pf.
   Siehe Seite 23, Busch, Ausführungsgesetze.

7. Allg. **Gerichtsordnung** vom 6. Juli 1793 und Preuß. **Konkursordnung** vom 8. Mai 1885. Von **F. Vierhaus**, Geh. Ober-Justizrat. Vergriffen.

8. **Vormundschaftsordnung**. Von **F. Schultzenstein.** Gültiges Recht siehe: Reichsgesetze Nr. 47.

9. Die Preußische **Grundbuchgesetzgebung**. Von Prof. Dr. **Fischer.** Vergriffen. Siehe: Reichsgesetze Nr. 42.

10. **Einkommensteuergesetz**. Von **A. Fernow**, Geh. Ober-Finanzrat. Siebente Auflage. 1908. 3 M. 25 Pf.

11. **Gewerbesteuergesetz**. Von **A. Fernow**, Geh. Ober-Finanzrat. Vierte, vermehrte Auflage. 1905. 2 M.

12. **Allgemeines Berggesetz** für die Preußischen Staaten vom 24. Juni 1865 nebst den preußischen Berggesetznovellen, den einschläg. Nebengesetzen u. Ausführungsbestimmungen. Mit Einleitung, Erläuterungen und Sachregister bearbeitet von **W. Westhoff** und **W. Schlüter.** Zweite Auflage. 1907. 5 M.

13. **Ergänzungssteuergesetz** (Vermögenssteuergesetz). Von **A. Fernow**, Geh. Ober-Finanzrat. Vierte vermehrte Auflage. 1907. 2 M. 40 Pf.

14. **Kommunalabgabengesetz**. Vom 14. Juli 1893 und Gesetz wegen Aufhebung direkter Staatssteuern. Von **Dr. F. Adickes**, Oberbürgermeister. Vierte Auflage. 1906. 1 M. 50 Pf.

15. **Die Kreisordnungen** für den Preußischen Staat. Von **O. Kollsch**, Landgerichtsrat. 1894. 4 M.

16. **Konzessionierung gewerblicher Anlagen.** Preuß. Ausführungs-Anweisung zu §§. 16 u. ff. der Gewerbe-Ordnung. Von Dr. **W. v. Rüdiger**, Geh. Regierungs- u. Gewerberat. Zweite Auflage. 1901. 2 M..

17. **Preußisches Gerichtskostengesetz.** Mit Kostentabellen. Von Dr. **P. Siméon**, Landgerichtsrat. Fünfte Auflage. 1908. 2 M. 60 Pf.

18. **Preußisches Stempelsteuergesetz vom 31. Juli 1895.** Mit den gesamten Ausführungsbestimmungen und vollständigen Tabellen. Von **P. Loeck**, Regierungsrat. Sechste Auflage. (In größerem Oktav-Format.) 1907. 6 M.

19. **Das Jagdscheingesetz.** Mit ausführlichen Erläuterungen. Von **F. Kunze**, Wirklichem Geh. Ober-Regierungsrat. Zweite Auflage. 1899. 2 M.

20. **Die preußischen Erbschaftssteuergesetze.** Unter Berücksichtigung der Novelle vom 31. Juli 1895. Von **U. Hoffmann**, Geh. Registrator im Königl. preuß. Finanzministerium. 1905. 4 M. (Reichs-Erbschaftssteuergesetz s. Reichsgesetze Nr. 77).

21. **Gesetz über die Handelskammern.** Vom 19. August 1897. Mit Erläuterungen von **F. Lusensky**, Geh. Regierungsrat. 1897. 3 M.

22. **Gesetz, betr. Anstellung und Versorgung der Kommunalbeamten.** Mit Ausführungsanweisung. Von Dr. **W. Ledermann,** Magistratsassessor zu Berlin. 1899. 1 M. 25 Pf.

23. **Ausführungsgesetz zum Bürgerlichen Gesetzbuche.** Von Landrichter Dr. **P. Siméon.** 2. Aufl. 1905. 1 M. 80 Pf.

24. Die **Hinterlegungsordnung** in der Fassung des Ausführungsgesetzes z. BGB. v. 20. Sept. 1899 nebst Ausführungsbestimmungen. Von Regierungsrat Dr. **Georg Bartels.** 2. Aufl. 1908. 2 M.

25. **Preußische Kommunalbeamtengesetzgebung.** Von Magistr.-Assess. Dr. **Fr. Kremski,** Berlin. 1901. 3 M.

26. Gesetze über das **Diensteinkommen der Lehrer und Lehrerinnen, Ruhegehalt und Fürsorge für Hinterbliebene.** Tabelle zur Berechnung der Ruhegehalts-, Witwen- u. Waisenbezüge. Von Dr. **Ed. Cremer,** Beigeordneter. 1900. 2 M. 40 Pf.

27. Gesetz, betreffend die **Warenhaussteuer.** Von Geh. Ober-Finanzrat Dr. **G. Strutz.** 1900. 1 M. 20 Pf.

28. Gesetz über die **Fürsorgeerziehung Minderjähriger.** Nebst Ausführungsbestimmungen. Von Landgerichtsdirektor Dr. **P. F. Aschrott.** Zweite umgearbeitete Auflage. 1907. 2 M. 80 Pf.

29. **Gesetz**, betr. **die ärztlichen Ehrengerichte, das Umlagerecht und die Kassen der Aerztekammern.** Von Amtsgerichtsrat Dr. **Fidler.** 1901. 1 M. 50 Pf.

30. Die das **Preußische Staatsschuldbuch** und **Reichsschuldbuch** betr. Gesetze nebst Ausführungsbestimmungen. Von Wirkl. Geh. Ober-Finanzrat **J. Mücke,** Mitglied der Staatsschuldenverwaltung. 1902. 2 M.

31a. **Die geltenden Preußischen Gesindeordnungen.** Herausgegeben in zwei Bänden von **Stephan Gerhard,** Rechtsanwalt in Berlin. 1902.

Band I: Gesindeordnung für die altpreußischen Provinzen vom 8. XI. 1810, mit Erläuterungen unter Berücksichtigung der Ergänzungsgesetze und der Rechtsverhältnisse der Gesindevermieter, sowie die Gesindeordnungen für Neuvorpommern und Rügen und für die Rheinprovinz. 2 M. 50 Pf.

31b. **Band II:** Gesindeordnungen für Hannover, Schleswig-Holstein, Hessen-Nassau und den Regierungsbezirk Hohenzollern. 2 M. 50 Pf. Siehe auch Seite 32: Ratgeber von Grieben.

32. **Die Städteordnung für die sechs östlichen Provinzen Preußens vom 30. Mai 1853 nebst ihren gesetzlichen Ergänzungen.** Von **Dr. jur. Walter Ledermann,** Magistrats-Assessor zu Berlin. (In größerem Oktav-Format.) 1902. 6 M.

33. **Rentenguts- und Anerbenrechts-Gesetzgebung in Preußen.** Von Landgerichtsrat **M. Peltasohn** und Rechtsanwalt **Bruno Peltasohn.** 1903. 3 M.

34. Sammlung der wichtigsten **preußischen Strafgesetze** nebst Anhang: Gesetz betr. polizeiliche Strafverfügungen vom 23. April 1883. Von **Otto Lindemann,** Amtsrichter. 1903. 2 M. 50 Pf.

Inhalt: Mobiliar-Feuerversicherung — Chausseegeld — Jagdpolizei — Jagdschein — Wild-Schonzeit — Fischerei — Versammlungs- u. Vereinigungsrecht — Belagerungszustand — Gesindedienstpflichten — Mineraliengewinnung und -Aneignung — Schlachthäuser — Dampfkesselbetrieb — Wandergewerbebetrieb — Reblausverbreitung — Forstdiebstahl — Wald- u. Wassergenossenschaften — Feld- u. Forstpolizei — Lotteriespiel — Verkehrsabgaben — Landestrauer.

35. **Geschäftsordnung für Gerichtsvollzieher.** Gerichtsvollzieherordnung und Gebührensätze von Amtsgerichtssekretär a. D. **Emil Exner.** 1904. 3 M. 50 Pf.

36. Die Gesetzgebung über **Polizeiverordnungen in Preußen** von **Otto Lindemann,** Amtsrichter in Köslin. 1904. 1 M. 50 Pf.

37. Gesetz über die **Enteignung von Grundeigentum** vom 11. Juni 1874. Von Landrichter **O. Meyer.** 1905. 2 M.

38. **Kreis- und Provinzial-Abgabengesetz.** Vom 23. April 1906. Von **Fr. Schmidt,** Gemeindevorsteher. 1906. 1 M. 25 Pf.

39. Gesetz betr. die **Unterhaltung der öff. Volksschulen.** Vom 28. Juli 1906. Von **Dr. A. Marcks,** Regierungsrat. 1906. 2 M.

40. Gesetz betr. das **Verwaltungsstrafverfahren** bei Zuwiderhandlungen gegen die Zollgesetze und die sonstigen Vorschriften über indirekte Reichs- und Landesabgaben, sowie die Bestimmungen über die Schlacht- und Wildpretsteuer vom 26. Juli 1897. Von **Dr. Richard Katzenstein,** Gerichtsassessor. 1907. 3 M. 60 Pf.

41. Die **preußischen Jagdpolizeigesetze.** Von **Fr. Kunze,** Wirkl. Geh. Oberregierungsrat und **R. Kühnemann,** Rechtsanwalt. Zweite gänzlich veränderte und verbesserte Auflage. 1908. 3 M. 60 Pf.

42. Die Gesetzgebung über die **Allgemeine Landesverwaltung** und über die **Zuständigkeit der Verwaltungs- und Verwaltungsgerichtsbehörden.** Von Rechtsanwalt **Dr. Karl Friedrichs** in Düsseldorf. 1908. 3 M.

43. Gesetz betr. die **Zulassung einer Verschuldungsgrenze** für land- und forstwirtschaftlich benutzte Grundstücke v. 20. August 1906 nebst Ausführungsvorschriften. Von Dr. jur. **R. Leweck,** Syndikus der Ostpreuß. Landschaft. 1908. Im Druck.

Guttentag'sche Sammlung von Text-Ausgaben mit Sachregister ohne Anmerkungen.

Taschenformat, elegant in Leinen gebunden.

Reichs-Justizgesetze:

Gerichtsverfassungsgesetz. Zivilprozeßordnung. Konkursordnung. Strafprozeßordnung.

2. Auflage. In einem Bande gebunden 3 M. 80 Pf.

Zivilprozeßordnung mit **Gerichtsverfassungsgesetz** und **Einführungsgesetzen** in den neuesten Fassungen. 2 M.

Konkursordnung mit **Einführungsgesetz.** 80 Pf.

Bürgerliches Gesetzbuch nebst **Einführngsgesetz.** Zehnter Abdruck. 2 M. 50 Pf.

Handelsgesetzbuch nebst **Einführungsgesetz** u. **Seerecht.** Siebenter Abdruck. 1 M. 80 Pf.

Ausführungsanweisung zur Gewerbeordnung vom 1. Mai 1904 nebst der preuß. technischen Anleitung. 2 M.

Militärstrafgerichtsordnung nebst **Einführungsgesetz** u. **Ges., betr. Dienstvergehen der richterlichen Militärjustizbeamten u. unfreiwillige Versetzung derselben usw. Militär-Strafgesetzbuch** *) mit Abdruck der entsprechenden Bestimmungen des Reichs-Strafgesetzbuchs. Zweite Auflage. 1 M. 50 Pf.

*) Ist auch einzeln zu haben. Preis 1 Mk.

Wechselordnung in der Fassung der Bekanntmachung v. 3. Juni 1908. Mit Anhang: **Wechselprozeß- und Ausführungsanweisung.** Text-Ausgabe mit Einleitung und Sachregister. 1908. 1 M.

Guttentag'sche Sammlung von Text-Ausgaben mit Sachregister ohne Anmerkungen.

Die Preußischen Ausführungsgesetze, Verordnungen und ministeriellen Verfügungen zu dem Bürgerlichen Gesetzbuche und den Reichs-Justizgesetzen nebst anderen zugehörigen Gesetzen. Textausgabe, nach Materien geordnet, mit Sachregister von **L. Busch.** Zweite Auflage von Gerichtsassessor **O. Eylau.** 8°. Preis geb. 4 M. 50 Pf.

Die Preußischen Ausführungsgesetze zum Bürgerlichen Gesetzbuche und Nebengesetze. Text-Ausgabe ohne Anmerkungen. Fünfte Auflage. Taschenformat. Preis geb. in ganz Leinen 1 M. 80 Pf.

Handbuch des Testamentrechts mit zahlreichen Beispielen und Formularen. Dargestellt von **Heinrich Peiser,** Landgerichtsrat. gr. 8° (496 S.). Zweite Auflage. Preis 9 M., gebunden 10 M.

Bürgerliches Rechts-Lexikon.

Nach dem Bürgerlichen Gesetzbuch, dem Handelsgesetzbuch und sonstigen Reichs- und Landesgesetzen

bearbeitet von

E. Christiani, Amtsgerichtsrat.

Dritte, wesentlich vermehrte und verbesserte Auflage.

1908. Lex. 8°. Geb. in ganz Leinen Preis 11 M. 20 Pf.

Preußische
Bürgerliche Gesetzsammlung.

Sammlung der noch geltenden Landesgesetze privatrechtlichen Inhalts. Herausgegeben von den Gerichtsassessoren **D. Fischer** und **Dr. F. Schroeder.**

8°. 2 Bände Preis geb. in ganz Leinen 20 M.

Erster Band: **Das Allgemeine Landrecht mit den Einführungs-Patenten.** Preis 6 M.

Zweiter Band: **Gesetze von 1773—1902.** Preis 14 M.

Das Recht der Agenten nach Deutschem Handelsrecht. Ein Kommentar zu §§ 84—92 des Handelsgesetzbuches von Dr. **Carl Albrecht** und Dr. **Paul Tentler,** Rechtsanwälte in Hamburg. 1908. gr. 8°. VIII und 202 S. Geb. in Leinen 4 M.

Das Preußische Baupolizeirecht nebst den einschlägigen Bestimmungen des **Ansiedelungs-, Feld-** und **Forstpolizei-, Waldschutz-** und **Deichgesetzes,** sowie dem **Fluchtlinien-, Rayongesetz** und dem Gesetz über die Zulässigkeit des Rechtsweges gegen polizeiliche Verfügungen. Kommentar von Kgl. Polizeiassessor A. Born. 1902. gr. 8°. (497 S.) 10 M., geb. in Leinen 11 M.

Strafrecht der Berufsgenossenschaften nach den Unfallversicherungsgesetzen vom 30. Juni 1900. Unter Benutzung amtlichen Materials zum praktischen Gebrauche dargestellt von Professor, Regierungsrat Dr. Ludwig Laß. 1901. 8°. (134 S.) Geb. in Leinen 3 M.

Erbenhaftung und Nachlaßkonkurs im neuen Reichsrecht. Von Professor Dr. Ernst Jaeger. 1898. gr. 8°. (117 S.) 3 M.

Fluchtliniengesetz. — Das Gesetz, betreffend die **Anlegung** und **Veränderung** von Straßen und Plätzen in Städten und ländlichen Ortschaften vom 2. Juli 1875. Des Kommentars von weil. Oberverwaltungsgerichtsrat R. Friedrichs sechste, völlig neubearbeitete Auflage. Von Senatspräsident Dr. jur. Hugo von Strauß und Torney. 1908. Im Druck.

Die **freiwillige Gerichtsbarkeit** im Reiche und in Preußen. Ein Leitfaden von Dr. A. Nußbaum. 1900. 8°. (268 S.) Geb. in Leinen 4 M.

Gewerberecht und **Arbeiterschutz.** Führer für Arbeitgeber und Arbeiter durch die Gewerbe- und Arbeiterschutzgesetze. Von G. Laurisch, Kgl. Gewerbeinspektor. 1901. 8°. (210 S.) Kart. 1 M. 80 Pf.

Die **Gläubigeranfechtung außerhalb des Konkurses.** Auf Grundlage des Gesetzes v. 21. Juli 1879. Von Prof. Dr. Ernst Jaeger. 1905. (356 S.) 9 M., geb. 10 M.

Die **Grundbuchordnung** nebst den preußischen Ausführungsbestimmungen mit Kommentar und systematischer Uebersicht über das materielle Grundbuchrecht. Von Reichsgerichtsrat Dr. Alex Achilles und Landrichter O. Strecker. 1901. Lex. 8°. (960 S.) 12 M., geb. in Halbfr. 14 M.

Die **Verfügungen in Grundbuchsachen.** Leitfaden für Grundbuchbeamte, Notare und Referendare. Von Amtsgerichtsrat Max Löwenherz. 1904. (115 S.) gr. 8°. 2 M., geb. in Leinen 2 M. 50 Pf.

Die **Haftpflicht der Beamten.** Nach Reichsrecht und dem Recht der deutschen Bundesstaaten unter Berücksichtigung der Haftpflicht des Staates (Gemeindeverbandes usw.). Von Landrichter Dr. H. Delius. 1901. 8⁰. (147 S.) Kart. 2 M.

Das Recht der Handlungsgehilfen und Handlungslehrlinge auf Grund des Handelsgesetzbuches, der Reichs-Gewerbeordnung, der Reichs-Versicherungsgesetze und des bürgerlichen Rechts dargestellt für Juristen und Kaufleute. Von Rechtsanwalt Hugo Horrwitz. 2. vollständig neubearbeitete Auflage. 1905. (203 S.) Geb. in Leinen 3 M.

Handelsgesetzbuch vom 10. Mai 1897 nebst Abdruck des Gesetzes über die Angelegenheiten der freiwilligen Gerichtsbarkeit und Gerichtsverfassungsgesetz (Titel 7, Kammern für Handelssachen). Zu praktischem Gebrauch dargestellt von Oberlandesgerichtsrat H. Könige. 1899. 8⁰. (410 S.) Geb. in Leinen 4 M. 50 Pf.

Das **Kommunalabgabengesetz** vom 14. Juli 1893. Für den praktischen Gebrauch mit einer geschichtlichen Einleitung und Erläuterungen versehen, sowie mit einem die Ausführungsanweisung berücksichtigenden Nachtrag. Kommentar von Oberbürgermeister Dr. Franz Adickes. 1894. 8⁰. (417 S.) Kart. 6 M.

Das **Absonderungsrecht im Konkurse** mit besonderer Berücksichtigung des preußischen und gemeinen Rechts, systematisch dargestellt von Oberlandesgerichtsrat Dr. Th. Wolff. 1892. gr. 8⁰. (542 S.) 10 M.

Konkursordnung mit Einführungsgesetz, Nebengesetzen und Ergänzungen in der Fassung des Gesetzes vom 17. Mai 1898. Kommentar von Oberlandesgerichtsrat Dr. Th. Wolff. 1900. gr. 8⁰. (555 S.) 11 M., geb. in Leinen 12 M.

Die Kurtaxe. Betrachtungen über ihre rechtliche Natur. Von Professor J. Kohler. 1902. gr. 8°. (52 S.) 1 M.

Das **Wohnungsmietrecht** nach dem Bürgerlichen Gesetzbuch. Zum praktischen Gebrauch für Juristen, Hausbesitzer und Mieter bearbeitet von Rechtsanwalt und Notar Th. Loomann. 1900. 8°. (144 S.) 2 M.

Der Raritätenbetrug. Von Dr. Hanns Gross, Universitäts-Professor. 1901. gr. 8°. (296 S.) 6 M.

Polizei und Publikum. Eine Darstellung der beiderseitigen Rechte und Pflichten an der Hand der grundlegenden Bestimmungen für die Ausübung der örtlichen allgemeinen Verwaltungspolizei in Preußen. Von Bürgermeister M. Koehne. 1897. 8°. (144 S.) Geb. in Leinen 2 M. 75 Pf.

Patentgesetz und Gesetz, betreffend den **Schutz von Gebrauchsmustern.** Von Justizrat Dr. A. Seligsohn. 2. Auflage. 1901. gr. 8°. (557 S.) 12 M., geb. in Leinen 13 M.

Die **Tätigkeit der Polizei in Strafsachen** auf Grund der Reichsjustizgesetze und des Preußischen Rechts für Polizeiverwalter und Polizeibeamte. Von Oberverwaltungsgerichtsrat St. Genzmer. 4. Auflage. 1900. 16°. (117 S.) Kart. 90 Pf.

Beschwerde und **Klage** sowie sonstige **Rechtsmittel** gegen polizeiliche Verfügungen und Zwangsmaßregeln. Gemeinverständlich dargestellt und durch Beispiele erläutert von Oberverwaltungsgerichtsrat B. von Kamptz. 1894. 12°. (93 S.) Kart. 1 M. 20 Pf.

Dienstunterricht für Polizei-Exekutiv-Beamte. 1. Teil. Strafgesetzgebung (Gerichtsverfassung, Strafprozeßordnung, Strafgesetzbuch). Von Polizeiinspektor J. Segger. 1900. 8°. (308 S.) Kart. 2 M.

Die Registratur. 2. Auflage. 1906. Von Hermann Kollrack, Kgl. Polizeisekretär am Berliner Polizeipräsidium. 8°. (84 S.) Kart. 1 M. 40 Pf.

Rechtsbrevier für deutsche Ehefrauen. 52 Merksprüche aus dem Bürgerl. Gesetzbuch mit Erläuterungen. Von Dr. jur. Emilie Kempin. 8°. (62 S.) Kart. 1 M.

Verwaltungs-Hygiene. Ein Handbuch der öffentlichen Gesundheitspflege für Verwaltungsbeamte. Von Dr. A. Pfeiffer. 1895. gr. 8°. (228 S.) 5 M., geb. in Leinen 6 M.

Handbuch des Vormundschaftsrechts. Unter Berücksichtigung der Ausführungsgesetze der deutschen Bundesstaaten. Von H. Schultetus, Landgerichtsrat in Rostock. 1899. 8°. (261 S.) 4 M., geb. in Leinen 4 M. 60 Pf.

Die Pflichten des Waisenrates. Ein praktischer Leitfaden für Waisenräte und Verwaltungsbeamte. Von F. Baum, Geh. Justizrat und Vormundschaftsrichter. Achte vermehrte und verbesserte Auflage. 1906. 8°. (46 S.) 60 Pf.

Wechselstempelsteuer und ihre Reform. Eine kritische Studie. Von Dr. jur. Eug. Jacobsohn. 1906. gr. 8°. (47 S.) 1 M.

Der Vormund, Gegenvormund, Pfleger u. Familienrat. Nach dem Bürgerlichen Gesetzbuch, dem Reichsgesetz über die Angelegenheiten der freiwilligen Gerichtsbarkeit und dem Ausführungsgesetz zum BGB. Ein praktischer Leitfaden. Von F. Baum, Geh. Justizrat und Vormundschaftsrichter. 1899. 8°. (64 S.) 50 Pf.

Gesetz zum **Schutz der Warenbezeichnungen** vom 12. Mai 1894, nebst Ausführungsbestimmungen. 2. Auflage, bearbeitet von Dr A. Seligsohn in Gemeinschaft mit Rechtsanwalt Martin Seligsohn. 1905. gr. 8°. (353 S.) 7 M., geb. 8 M.

Anleitung zur **Bildung öffentlicher Genossenschaften zur Ent- und Bewässerung** von Grundstücken für Zwecke der Landeskultur in den preuß. Provinzen nebst den in Betracht kommenden Gesetzen und Ministerialerlassen. Zugleich ein Handbuch des landwirtschaftlichen Wasserrechts für jedermann. Von Regierungsrat Dr. Bernh. Weddige. 1887. 8°. (300 S.) 4 M. 50 Pf.

Das **Wildschadengesetz.** Vom 11. Juli 1891. Kommentar von Dr. A. Holtgreven u. Dr. Th. Wolff. Vierte vermehrte und verbesserte Auflage. 1902. 8°. (224 S.) 4 M., geb. in Leinen 4 M. 50 Pf.

Belehrung über den Wucher. Ein Schutz gegen Schädigung mit Fingerzeigen für jedermann. Nach dem neuen Wuchergesetz bearbeitet von Carl Pfafferoth, Geh. Kanzleirat im Reichsjustizamt. 1893. 8°. (38 S.) 50 Pf.

Das **Reichsgesetz zur Bekämpfung des unlauteren Wettbewerbs** nebst den ergänzenden Bestimmungen des Bürgerlichen Gesetzbuchs. Kommentar von Justizrat Albert Pinner. 1903. gr. 8°. (189 S.) 5 M., geb. in Leinen 6 M.

Verfassung des Deutschen Reichs. Mit Einleitung und Kommentar. Dritte, stark vermehrte und verbesserte Auflage. Von Prof. Dr. A. Arndt. 1907. 8°. (436 S.) 4 M., geb. in Leinen 5 M.

Das **Preußische Versammlungs- und Vereinsrecht.** Systematisch dargestellt. Von Staatsanwaltschaftsrat Dr. Paul Caspar. 1894. 8°. (130 S.) 2 M.

Handbuch für Vereine bei Aufstellung, Beratung und Änderung der Vereinssatzung auf Grund der §§ 21—79 des Bürgerlichen Gesetzbuches. Mit erläuternden Anmerkungen, einer sachlichen Einleitung sowie einem Satzungsentwurf versehen von Paul Behrens. 1899. 8°. (57 S.) kart. 1 M.

Die **Rechtsverhältnisse der geschlossenen Gesellschaften und Vereine** nach preußischem Recht unter besonderer Berücksichtigung der Befugnisse der Polizeibehörden. Von Dr. H. Delius, Landrichter. 1902. 8°. (85 S.) kart. 1 M. 60 Pf.

Wie leitet man eine Versammlung? Geschäftlicher Handweiser für Vorsitzende. Von einem Mitgliede des deutschen Reichstages und des preußischen Abgeordnetenhauses. Zweite Auflage. 1908. 12°. (93 S.) kart. ca. 1 M.

Handbuch zum Verfahren der Zwangsversteigerung und Zwangsverwaltung nach dem Reichsgesetz v. 24. März 1897 (Fassung vom 20. Mai 1898). Ein Hilfsbuch für die Praxis und ein Lehrbuch für jüngere Juristen von Amtsgerichtsrat M. R. Samter. 1904. gr. 8°. (392 S.) 8 M. 50 Pf., geb. in Halbfr. 10 M.

Praktischer Ratgeber für Dienstherrschaften nach dem Preuß. Gesinderecht unter Berücksichtigung den neueren Entscheidungen bearbeit von H. Grieber, Verwaltungsdirektor a. D. und Bürgermeister. 1908. Im Druck.

Schlagwort-Register.

R. = Nummer der Sammlung Deutscher **Reichs**gesetze.
P. = Nummer der Sammlung **Preußischer** Gesetze.
S. = Seite.

FSC
www.fsc.org
MIX
Papier | Fördert gute Waldnutzung
FSC® C083411

Kolibri 360 GmbH
Ferdinand-Jühlke-Straße 7
99095 Erfurt, Deutschland
produktsicherheit@kolibri360.de